Über dieses Buch Der Band versammelt verstreut publizierte sowie bislang unveröffentlichte Texte Fassbinders, Standortbestimmungen, an denen sich der Weg des produktiven Filmemachers abzeichnet. Sein Werk umfaßt kongeniale Literaturverfilmungen und gesellschaftskritische Sozialstudien, Melodramen und selbstquälerische Bekenntnisfilme, Low-Budget-Produktionen und Filme im »Hollywood-Format«. Fassbinder: »Ich möchte ein Haus mit meinen Filmen bauen. Einige sind der Keller, andere die Wände, und wieder andere sind die Fenster. Aber ich hoffe, daß es am Ende ein Haus wird.« Die in diesem Band gesammelten Texte sind Zugänge zu diesem Haus, zu allen seinen Etagen. Das Buch enthält die großen Essays über Döblins »Berlin Alexanderplatz« und Genets »Querelle«, es dokumentiert die öffentlichen Kontroversen und veröffentlicht erstmals Texte aus dem Nachlaß, darunter die aufschlußreichen Überlegungen zu dem Spielfilm-Projekt »Kokain«.

Ob Fassbinder die eigene Arbeit reflektiert oder sich mit Claude Chabrol und Werner Schroeter auseinandersetzt, ob er über die von ihm entdeckte Schauspielerin Hanna Schygulla schreibt oder für den politischen Film plädiert: nie versteckt er sich hinter abgesicherten, vorgefaßten Meinungen, immer bezieht er radikal und subjektiv Stellung. Deshalb sind die hier gesammelten Essays nicht bloß Texte über Filme, sondern über Liebe, Sehnsucht, Abhängigkeit, unterdrückte Wünsche und Träume.

Der Herausgeber Michael Töteberg, geboren 1951, veröffentlichte u. a. Monographien über John Heartfield und Marieluise Fleißer. Er ist Lektor im Verlag der Autoren, dem Fassbinder als Mitbegründer und Gesellschafter angehörte, und lebt in Frankfurt.

Rainer Werner Fassbinder

Filme befreien den Kopf

Essays und Arbeitsnotizen

Herausgegeben von Michael Töteberg

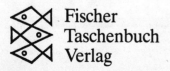

Fischer
Taschenbuch
Verlag

Lektorat: Ingeborg Mues

106657

PN
1994
.F28
1984

Originalausgabe
Veröffentlicht im Fischer Taschenbuch Verlag GmbH,
Frankfurt am Main, Juli 1984

© für diese Ausgabe:
Fischer Taschenbuch Verlag GmbH, Frankfurt am Main 1984
Mit Genehmigung
des Verlags der Autoren, Frankfurt am Main

Umschlagentwurf: Jan Buchholz/Reni Hinsch
Unter Verwendung eines Fotos aus dem Archiv von Harry Baer
Gesamtherstellung: Clausen & Bosse, Leck
Printed in Germany
780-ISBN-3-596-23672-X

Inhalt

Anhang

Vorwort

»Jetzt wird er zum Mythos verklärt«, kommentierte Hans-Jürgen Syberberg die Nachricht vom Tod Rainer Werner Fassbinders. Es gab viele betroffene Nachrufe, aber auch viel Material für die sensationslüsterne Boulevardpresse: Fassbinder, ein Zyniker, der mit Menschen wie Marionetten spielte, der Intrigen inszenierte und nebenbei auch noch Filme drehte, kurzum, »Fassbinder, das geniale Monster« (so eine Artikelüberschrift). Zwei Jahre nach seinem Tod scheint es an der Zeit, dieses Bild zu revidieren – nicht mit einem weiteren Buch über Fassbinder, sondern anhand seiner eigenen Texte.

Fassbinder war ein Regisseur, der sehr genau seine Arbeit reflektiert hat; die hier vorgelegten Essays und Arbeitsnotizen beweisen das. Der Band versammelt in chronologischer Anordnung verstreut publizierte und bislang unveröffentlichte Texte Fassbinders aus den Jahren 1966 bis 1982. Es sind Standortbestimmungen, an denen sich der Weg des produktiven Filmemachers abzeichnet. Sein Werk umfaßt kongeniale Literaturverfilmungen und gesellschaftskritische Sozialstudien, Melodramen und selbstquälerische Bekenntnisfilme, Low-Budget-Produktionen und Filme im Hollywood-Format. Fassbinder: »Ich möchte ein Haus mit meinen Filmen bauen. Einige sind der Keller, andere die Wände, und wieder andere sind die Fenster. Aber ich hoffe, daß es am Ende ein Haus wird.« Die in diesem Band gesammelten Texte sind Zugänge zu diesem Haus, und zwar zu allen seinen Etagen. Das Buch enthält die großen Essays zu Döblins »Berlin Alexanderplatz« und Genets »Querelle de Brest«, es dokumentiert die öffentlichen Kontroversen und veröffentlicht erstmals die aufschlußreichen Überlegungen zum Spielfilm-Projekt »Kokain«. Auf Exposés und

Treatments zu einzelnen Filmen, Manuskripte, die nichtliterarischen Charakter haben, sondern Vorstufen zur Drehbucharbeit sind, wurde hier verzichtet, mit einer Ausnahme: Der Text zu Fassbinders persönlichstem Film »In einem Jahr mit dreizehn Monden«, von ihm selbst zum Druck freigegeben, wurde aufgenommen, nicht nur aus biographischem Interesse – der Text ist Ausdruck und Überwindung einer Krise –, sondern auch wegen der zahlreichen Motivverweise, z. B. zu »Berlin Alexanderplatz«. Texte aus dem Nachlaß, darunter der unvollendete Essay über Michael Curtiz, sowie Statements und fragmentarische Arbeiten ergänzen den Band.

Was Fassbinder-Filme positiv absetzt von dem eher intellektuellen, mehr literarischen neuen deutschen Film einerseits, den Kommerzprodukten der Filmindustrie andererseits: Fassbinder hatte keine Scheu vor melodramatischen Szenen, vor Gefühlen, ohne in ein reines Illusionskino zu flüchten. Auch bei wachsender Kunstfertigkeit blieb er diesem Prinzip treu: »Meine Ansicht ist immer die gewesen, daß je schöner und je gemachter und inszenierter und hingetrimmter Filme sind, umso befreiender und freier sind sie.« Und damit ist ein Punkt angesprochen, den wir bewußt in den Titel gesetzt haben: Filme befreien den Kopf, auch oder gerade dann, wenn sie ans Herz gehen.

»Seine Filme befreien den Kopf«, dieser Satz steht in dem Essay über die Melodramen Douglas Sirks, der den Band eröffnet. Nicht der Autorenfilm, wie er von den französischen Regisseuren um die Zeitschrift »Cahiers du Cinéma« definiert und von den Unterzeichnern des Oberhausener Manifests nach Deutschland importiert wurde, war seine Leitvorstellung, sondern ein Mann wie Sirk, der es »geschafft hat, die Bedürfnisse des (kommerziellen) Systems zu erfüllen und trotzdem persönliche Filme zu machen«. Hier klingt an, was Fassbinder meinte, wenn er vom deutschen Hollywood-Film sprach: die Arbeit mit einem festen Team in einem Studio-System, womit Einschränkungen, Begrenzungen gegeben sind, die es zu unterlaufen gilt. Was er an Sirk positiv entwickelt, wird zum Maßstab der Kritik an Claude Chabrol, dem er noch seinen ersten Spielfilm »Liebe ist kälter als der Tod« gewidmet hatte. Bei Chabrol vermißt er

»Zärtlichkeit für seine Figuren« und wirft ihm zynische Verachtung des Publikums vor. Letztlich geht es nicht um die Organisationsform der Filmproduktion; die Haltung des Filmautors zu seinen Figuren ist das Entscheidende. Anarchist in der Filmindustrie sein, heißt: den leblosen Schemen einer oberflächlichen Bilderwelt Menschen entgegenzusetzen, Engagement, ja, Liebe für die Figuren, ihnen Größe zu verleihen. Mit großer Selbstverständlichkeit holt sich Fassbinder Argumente für seine Position bei Theodor Fontane und Alfred Döblin. An dem Roman »Berlin Alexanderplatz« rühmt er, daß der Autor die »scheinbar unscheinbaren, unwichtigen, unbedeutenden Individuen«, »diese bis zur Mittelmäßigkeit Entblößten mit allergrößter Zärtlichkeit« beschreibt. Auch für Fassbinders Werk gilt, daß er seine Figuren, so armselige Existenzen sie auch sein mögen, nie denunziert.

Ob Fassbinder die eigene Arbeit reflektiert oder über Kollegen wie Alexander Kluge und Werner Schroeter schreibt, ob er die von ihm entdeckte Schauspielerin Hanna Schygulla porträtiert oder mit Vehemenz für den politischen Film eintritt: Nie versteckt er sich hinter abgesicherten, vorgefaßten Meinungen, immer bezieht er radikal und subjektiv Stellung. Deshalb sind die hier gesammelten Essays nicht bloß Texte über Filme, sondern über Liebe, Sehnsucht, Abhängigkeit, unterdrückte Wünsche und Träume.

Im Döblin-Essay hat er einen Anspruch, seine Forderung an die Kunst formuliert: daß der Leser, der Zuschauer zur Analyse seiner eigenen Wirklichkeit gezwungen wird. Filme sollen den Kopf nicht vernebeln, sondern befreien. Im Kino wird der Zuschauer mit neuen Erfahrungen konfrontiert. Der Film kann der Realität Wahrheiten abgewinnen, die, »so schmerzhaft diese Erkenntnisse auch erscheinen mögen, uns unser Leben näherbringen«. Im Kino kann sich der Zuschauer auf neue, im Alltag verschüttete Gefühlswelten einlassen. Fassbinder in einem Interview: »Wenn das Licht im Kino ausgeht, beginnt der Traum, regiert das Unterbewußtsein. Ich sage mir, daß jemand, der ins Kino geht, in etwa weiß, was ihn erwartet, daß ich ihm also mehr Anstrengung zumuten kann, und ich kann auch erwarten, daß er mehr Spaß an der Anstrengung hat. Gegenüber dem Publikum sollte man nie gefällig sein, sondern immer herausfordernd.«

Fassbinder war kein Theoretiker, meist nannte er seine Überlegungen im Untertitel »ein paar unordentliche Gedanken«. Doch gerade die subjektive Sicht, die provozierende Schlichtheit und das Unabgeschlossene, nach allen Seiten Offene machen den Reiz dieser Texte aus. Zu danken hat der Herausgeber Liselotte Eder, Juliane Lorenz, Harry Baer, Ulrike Theilig und der Stiftung Deutsche Kinemathek. Ein zweiter Band mit ausgewählten Interviews ist in Vorbereitung.

Michael Töteberg

Imitation of Life

Über die Filme von Douglas Sirk

»Film ist ein Schlachtfeld«, hat Samuel Fuller gesagt, der mal
für Douglas Sirk ein Drehbuch geschrieben hat, in einem Film
von Jean-Luc Godard, der, kurz bevor er »A bout de souffle«
drehte, eine Hymne auf Douglas Sirks Film »A time to love and
a time to die« schrieb. Gleichviel, Godard oder Fuller, sonsteiner oder ich, wir können ihm alle das Wasser nicht reichen. Sirk
hat gesagt, Film, das ist Blut, das sind Tränen, Gewalt, Haß,
der Tod und die Liebe. Und Sirk hat Filme gemacht, Filme mit
Blut, mit Tränen, mit Gewalt, Haß, Filme mit Tod und Filme
mit Liebe. Sirk hat gesagt, man kann nicht Filme über etwas
machen, man kann nur Filme mit etwas machen, mit Menschen, mit Licht, mit Blumen, mit Spiegeln, mit Blut, eben mit
all diesen wahnsinnigen Sachen, für die es sich lohnt. Sirk hat
außerdem gesagt, das Licht und die Einstellung, das ist die Philosophie des Regisseurs. Und Douglas Sirk hat die zärtlichsten
gemacht, die ich kenne, Filme von einem, der die Menschen
liebt und sie nicht verachtet wie wir. Darryl F. Zanuck hat einmal zu Sirk gesagt: »Der Film muß in Kansas City gefallen und
in Singapur.« Das ist schon ein Wahnsinn, Amerika, was?
Douglas Sirk hatte eine Großmutter, die schrieb Gedichte und
hatte schwarze Haare. Douglas hieß damals noch Detlev und
lebte in Dänemark. Und es geschah, daß es in den nordischen
Ländern um 1910 eine eigene Filmproduktion gab, die in erster
Linie große menschliche Dramen herstellte. Und so ging der
kleine Detlev mit der dichtenden Großmutter in das winzige
dänische Kino, und beide weinten immer und immer wieder
über die tragischen Tode der Asta Nielsen und vieler anderer
wunderschöner weißgeschminkter Mädchen. Sie mußten das
heimlich tun, denn Detlev Sierk sollte ein Gebildeter im Sinne

11

der deutschen Tradition werden, humanistisch erzogen, und so vertauschte er eines Tages die Liebe zu Asta Nielsen mit der Liebe zu Klytämnestra. In Deutschland machte er Theater, in Bremen, in Chemnitz, Hamburg und Leipzig, war gebildet und hatte Kultur. Er zählte Max Brod zu seinen Freunden, lernte Kafka kennen usw. Eine Karriere bahnte sich an, die etwa als Intendant des Münchner Residenztheaters hätte enden können. Aber nein, 1937, nachdem er schon ein paar Filme in Deutschland für die UFA gedreht hatte, emigrierte Detlev Sierk nach Amerika, wurde Douglas Sirk und machte Filme, über die Leute mit etwa seinem Bildungsniveau in Deutschland höchstens lächeln würden.

»All that heaven allows«

So kommt es, daß man in Lugano in der Schweiz einem Mann begegnen kann, der so wach ist, so gescheit wie keiner, dem ich je begegnet bin, und der einem mit einem ganz kleinen glücklichen Lächeln sagen kann: »Ich habe schon das, was ich gemacht habe, manchmal sehr geliebt.« Was er geliebt hat, das war z. B. »All that heaven allows« (1956). Jane Wyman ist eine reiche Witwe, Rock Hudson schneidet ihre Bäume. In Janes Garten blüht ein »Liebesbaum«, der nur blüht, wo eine Liebe ist, und so wird aus Janes und Rocks zufälligem Zusammentreffen die große Liebe. Rock aber ist fünfzehn Jahre jünger als Jane, und Jane ist total in das gesellschaftliche Leben einer amerikanischen Kleinstadt integriert, Rock ist ein Primitiver, und Jane hat etwas zu verlieren, ihre Freundinnen, das Ansehen, das sie ihrem verstorbenen Mann verdankt, ihre Kinder. Rock liebt zu Anfang die Natur, Jane liebt erstmal gar nichts, weil sie alles hat.

Das sind ein paar beschissene Voraussetzungen für eine große Liebe. Sie, er und die Umwelt. Im Grunde aber sieht es so aus. Sie hat so den Touch von Mütterlichkeit, sie macht den Eindruck, als habe sie die Möglichkeit, im rechten Moment zu zerfließen. Man kann schon verstehen, daß Rock auf sie steht. Er ist der Baumstamm. Der hat schon ganz recht, wenn er drin sein will in der Frau. Die Umwelt ist böse. Die Frauen haben alle große Münder. Männer gibts in dem Film sonst keine, außer Rock, da sind die Sessel wichtiger oder die Gläser. Nach dem Film ist die amerikanische Kleinstadt das letzte, wo ich hinwollte. Das sieht dann so aus, daß Jane irgendwann zu Rock sagt, daß sie ihn jetzt verläßt, wegen der depperten Kinder und so. Rock wehrt sich nicht sehr, er hat ja die Natur. Und Jane sitzt am Heiligen Abend da, die Kinder werden sie verlassen und haben ihr zu Weihnachten einen Fernsehapparat geschenkt. Da bricht man zusammen im Kino. Da begreift man was von der Welt und was sie macht an einem. Später dann geht Jane zurück zu Rock, weil sie Kopfschmerzen hat, die hat jeder von uns, wenn er zu selten fickt. Aber jetzt, wo sie da ist, da ist das kein Happy-End, obwohl sie zusammen sind die beiden. Wer sich so Schwierigkeiten macht mit der Liebe, glücklich wird der nicht sein können später.

Darüber macht der Filme, der Douglas Sirk. Allein kann er nicht sein, der Mensch, und zusammen auch nicht. Die sind sehr verzweifelt, die Filme. »All that heaven allows« fängt an mit einer Totale der Kleinstadt. Darüber liegen die Titel. Das sieht trist aus. Der Kran fährt dann hinunter zu Janes Haus, da kommt gerade eine Freundin an, die bringt altes Geschirr zurück. Echt trist! Eine Fahrt neben den beiden, da steht im Hintergrund unscharf Rock Hudson, wie ein Statist dastehen würde in einem Hollywood-Film. Und weil die Freundin nicht Kaffee trinken kann mit Jane, trinkt Jane Kaffee mit dem Statisten. Auch hier immer noch nur Nahaufnahmen auf Jane Wyman. Rock hat immer noch keine rechte Bedeutung. Wenn er die hat, hat er auch die Nahaufnahme. Das ist eben einfach und schön. Und jeder kapierts.

Douglas Sirks Filme sind beschreibende Filme. Ganz selten Großaufnahmen. Selbst bei Schuß-Gegenschuß ist der jeweilige Partner noch angeschnitten. Das intensive Empfinden des Zuschauers kommt nicht aus der Identifikation, sondern aus Montage und Musik. Drum geht man auch recht unbefriedigt aus diesen Filmen. Man hat etwas von anderen Menschen gesehen. Und was daran für einen selbst wichtig ist, kann man freiwillig erkennen oder mit Spaß begreifen. Die Kinder von Jane, die sind wahnsinnig. Da kommt so ein Alter, dem sind sie in jeder Beziehung überlegen, an Jugend, Wissen und so, der wär grad der rechte Partner für ihre Mutter. Dann kommt Rock, der ist nicht viel älter als sie, schöner und auch gar nicht so dumm. Da reagieren sie mit Terror. Das ist toll. Beiden, Rock und dem Alten, macht Janes Sohn einen Cocktail. Beide loben den Cocktail. Beide Male dieselbe Einstellung. Einmal, beim Alten, sind die Kinder total zufrieden, das paßt. Bei Rock ist eine Stimmung im Raum, die ist kurz vor einem Knall. Beide Male dieselbe Einstellung.

Sirk kann mit Schauspielern umgehen, da bricht man zusammen. Wenn man sich die etwa zur gleichen Zeit entstandenen letzten Filme von Fritz Lang anschaut, wo das schlimmste Unvermögen zu Hause ist, da weiß man, was man hat, wenn man Douglas Sirk im Kopf hat, oder? Bei Douglas Sirk, da denken die Frauen. Das ist mir bei keinem Regisseur aufgefallen. Bei keinem. Sonst reagieren Frauen immer, tun was, was Frauen eben tun, und hier, da denken sie. Das muß man sehen. Es ist schön, eine Frau denken zu sehen. Das gibt Hoffnung. Ehrlich.

Und dann sind die Leute bei Sirk alle in Räume gesetzt, die schon extrem von deren gesellschaftlicher Situation geprägt sind. Die Räume sind außerordentlich genau. In Janes Haus kann man sich eben nur auf eine bestimmte Art bewegen. Da fallen einem eben nur bestimmte Sätze ein, wenn man was sagen will, und bestimmte Gesten, wenn man was ausdrücken will. Wenn Jane in ein anderes Haus kommt, in Rocks Haus z. B., würde sie sich ändern können? Das wäre eine Hoffnung. Oder aber, sie ist so kaputt gemacht und geprägt, daß ihr in Rocks Haus der Stil, der dann schon der ihre ist, fehlen wird. Das ist wahrscheinlicher. Drum ist das Happy-End auch keines. Jane paßt in ihr Haus besser als in Rocks Haus.

»Written on the wind«

»Written on the wind« (1957) ist die Geschichte einer super-
reichen Familie. Robert Stack ist der Sohn, der immer
schlechter war in allem als sein Freund Rock Hudson. Robert
Stack weiß etwas mit seinem Geld anzufangen, er fliegt, säuft,
reißt Mädchen auf, Rock Hudson ist immer dabei. Aber sie
sind nicht glücklich. Was ihnen fehlt, das ist die Liebe. Da
treffen sie Lauren Bacall. Die ist natürlich anders als alle anderen Frauen. Das ist eine einfache Frau, die steht im Arbeitsprozeß, die ist sanft und verständig. Und dennoch, sie entscheidet sich für Robert, den Bösen, obwohl Rock, der Gute,
viel besser passen würde zu ihr. Der muß auch arbeiten, um zu
leben, der ist auch einfach, verständig und hat ein großes Herz
wie sie. Sie nimmt den, mit dem es nicht gutgehen kann auf
die Dauer. Als Lauren Bacall zum ersten Male mit Roberts
Vater zusammentrifft, bittet sie den, doch Robert eine Chance
zu geben. Das ist so eklig, wie die Gütige dem Guten an den
Pimmel faßt, um für den Bösen gutes Wetter zu machen. Oh
ja, da muß alles schiefgehen. Hoffentlich. Die Schwester, Dorothy Malone, das ist die einzige, die den Richtigen liebt,
nämlich Rock Hudson, und die steht zu ihrer Liebe, was natürlich lächerlich ist. Das muß lächerlich sein, wenn unter
Leuten, die ihre Ersatzhandlungen für das Eigentliche halten,
einem ganz klar wird: was sie tut, tut sie, weil sie das Eigentliche nicht haben kann.
Lauren Bacall ist ein Ersatz für Robert Stack, weil ihm klar
sein muß, daß er sie nie wird lieben können und umgekehrt
genauso. Und weil Lauren sich für Robert entscheidet, liebt
Rock sie erst recht, weil er sie nie wird haben können. Und
der Vater hat einen Ölbohrturm in der Hand, der sieht aus wie
ein Schwanzersatz. Und wenn Dorothy Malone am Schluß als
Überbleibsel der Familie diesen Schwanz in der Hand hat,
dann ist das mindestens so gemein wie der Fernsehapparat,
den Jane Wyman zu Weihnachten geschenkt bekommt. Das
ist genauso ein Ersatz für den Fick, den ihr ihre Kinder nicht
gönnen, wie das Ölimperium, dem Dorothy jetzt vorsteht, ihr
Ersatz für Rock Hudson ist. Ich hoffe, sie wird es nicht schaf-

fen und wird verrückt wie Marianne Koch in »Interlude«. Der Wahnsinn, das ist eine Hoffnung bei Douglas Sirk, glaube ich.

Rock Hudson in »Written on the wind«, das ist überhaupt die sturste Sau auf der Welt. Der muß doch auch was spüren von der Sehnsucht, die Dorothy Malone hat. Die bietet sich an, die treibts öffentlich mit Typen, die ihm irgendwie ähnlich sind, um ihm was klarzumachen. Da kann er nur sagen: »Ich könnte dich nie zufriedenstellen.« Er könnte, weiß Gott. Als Dorothy in ihrem Zimmer tanzt, den Tanz einer Toten, das ist der Anfang vom Wahnsinn vielleicht, da stirbt der Vater. Er stirbt, weil er schuld ist. Er hat seine Kinder immer in dem Bewußtsein gehalten, daß der andere, Rock, der Bessere ist, bis er es wirklich war. Weil Rocks Vater, der kein Geld verdient hat, der jagen kann, wenn er jagen will, für ihn, den Vater, der nie das tun konnte, was er tun wollte, immer der Bessere war. Die Kinder sind die armen Schweine. Wahrscheinlich kapiert er die Schuld und krepiert daran. Der Zuschauer hats auf alle Fälle kapiert. Der Tod ist nicht schrecklich.

Weil Robert Lauren nicht liebt, will er ein Kind von ihr. Oder, weil Robert keine Möglichkeit hat, was leisten zu können, will er wenigstens ein Kind zeugen. Der Mut stellt eine Schwäche fest. Robert fängt wieder zu saufen an. Jetzt zeigt sich, daß Lauren Bacall keine Möglichkeiten hat für ihren Mann. Statt daß sie mit ihm saufen ginge, was begriffe von seinem Schmerz, wird sie immer edler und reiner und immer mehr zum Kotzen, und immer deutlicher sieht man, wie sehr sie eigentlich zu Rock Hudson passen würde, der auch zum Kotzen ist und auch edel. Die Menschen mit ihrer Erziehung zu was und ihren manipulierten Träumen im Kopf, die sind alle am Arsch. Wenn Lauren Bacall mit Robert Stack gelebt hätte, statt neben, von ihm und für ihn zu leben, dann hätte er auch glauben können, daß das Kind, das sie kriegt, auch wirklich das Seine ist. Er hätte nicht zu stöhnen brauchen. So aber ist sein Kind im Grunde wirklich eher eins von Rock Hudson, obwohl der es nie mit Lauren getrieben hat.

Dorothy macht etwas Böses, sie hetzt ihren Bruder auf gegen Lauren und Rock. Trotzdem liebe ich sie wie selten einen Menschen im Kino, ich bin als Zuschauer mit Douglas Sirk auf den Spuren der Verzweiflung der Menschen. In »Written on the wind« ist das Gute, das »Normale«, das »Schöne« immer sehr eklig, das Böse, das Schwache, Haltlose öffnet das Verständnis. Auch für die Manipulatoren der Guten.

Und dann wieder das Haus, in dem alles passiert. Beherrscht, sagt man, von einer großen Treppe. Und Spiegeln. Und immer Blumen. Und Gold. Und Kälte. Ein Haus, wie man es sich baut mit viel Geld. Ein Haus mit all den Versatzstücken, die man sich anschafft, wenn man Geld hat, und in denen man sich nicht wohl fühlen kann. Das ist wie auf dem Oktoberfest, wo alles bewegt und bunt ist und du bist einsam wie sie. In diesem Haus, das Douglas Sirk sich hat für die Hedleys bauen lassen, da müssen die Gefühle die seltsamsten Blüten treiben. Das Licht bei Sirk ist immer so unnaturalistisch wie möglich. Schatten, wo keine sein dürften, helfen Empfindungen plausibel zu machen, die man sich gern fremd halten möchte. Genauso die Einstellungen in »Written on the wind«, fast nur schräge, meist von unten, sind so ausgesucht, daß das Fremde an der Geschichte nicht im Kopf des Zuschauers passiert, sondern auf der Leinwand. Douglas Sirks Filme befreien den Kopf.

»Interlude«

»Interlude« (1957) ist ein Film, zu dem man schwer Zugang findet. Erstmals wirkt alles falsch. Der Film spielt in München, und das kennt man anders. Das München aus »Interlude« besteht aus Prunkbauten. Königsplatz, Schloß Nymphenburg, Herkulessaal. Dann später versteht man, das ist München, wie es ein Amerikaner sehen mag. June Allyson kommt nach München, um Europa zu erleben. Was sie erlebt, ist eine große Liebe, ihre große Liebe. Es ist Rosanno Brazzi, der einen Dirigenten vom Typ Karajan spielt. June Allyson fällt unter Douglas Sirks Figuren ein wenig raus. Sie scheint mir zu naturalistisch, zu gesund. Zu frisch. Obwohl sie ja dann doch krank genug wird, letztlich. Rosanno Brazzi ist noch bis ins leiseste zärtlichste Liebesgeflüster hinein Dirigent. Wie er sich bewegt, ewig gockelhaft, für andere eine Show abziehend, auch wenn er, was er sagt, ganz ernst meint, das ist eine Großtat der Regie. Wie Brazzi das spielt, so müßte »Musik« von Wedekind gespielt werden.

Brazzi hat eine Frau, das ist Marianne Koch. Und das ist die Figur, die zum Verständnis von Douglas Sirks Sicht der Welt vielleicht die wichtigste ist. Marianne Koch liebt Rosanno Brazzi. Er hat sie geheiratet, sie war immer zusammen mit ihm glücklich und ist an ihrer Liebe zerbrochen. Sie ist wahnsinnig geworden. Alle Sirkschen Figuren laufen einer Sehnsucht hinterher. Die einzige, die alles erfüllt hat, ist daran zerbrochen. Kann man das so verstehen, daß der Mensch in dieser Gesellschaft nur dann o. k. ist für diese Gesellschaft, wenn er wie ein Hund mit heraushängender Zunge immer hinter etwas herläuft? Solange wird er sich doch an die Normen halten, die ihn brauchbar bleiben lassen. Nach Douglas Sirks Filmen scheint mir die Liebe noch mehr das beste, hinterhältigste und wirksamste Instrument gesellschaftlicher Unterdrückung zu sein. June Allyson reist mit einer kleinen Liebe zurück in die Staaten. Die werden auch nicht glücklich zusammen. Sie wird ewig ihrem Dirigenten hinterherträumen, und er wird die Unzufriedenheit seiner Frau spüren. Umso mehr werden sie sich auf ihre Arbeit konzentrieren, die sich natürlich dann wiederum ausbeuten läßt. Okay.

»The tarnished angels«

»The tarnished angels« (1958) ist der einzige Schwarz-weiß-Film von Douglas Sirk, den ich sehen konnte. Es ist der Film, bei dem er die meisten Freiheiten hatte. Ein ungemein pessimistischer Film. Als Vorlage diente eine Geschichte von Faulkner, die ich leider nicht kenne. Es scheint, als habe Sirk sie profaniert, was ihr bekommen ist.

Dieser Film zeigt, ähnlich wie »La Strada«, einen aussterbenden Beruf, nur nicht so gräßlich anspruchsvoll. Robert Stack ist Flieger gewesen im I. Weltkrieg. Was anderes als fliegen hat er nie gewollt, drum macht er jetzt bei einer Flugshow um die

Wendemarke mit. Seine Frau ist Dorothy Malone, die zeigt einen Fallschirmabsprung in Etappen. Sie können kaum leben davon. Robert ist mutig, von der Maschine aber versteht er nichts, drin ist der Dritte im Bunde, Jiggs, der ist Mechaniker und liebt Dorothy. Robert und Dorothy haben einen Sohn, der, als Rock Hudson ihn kennenlernt, gerade von anderen Kriegern gehänselt wird: »Wo ist denn dein Vater? Jiggs oder ...?« Rock Hudson ist Journalist, der was ganz Tolles schreiben will über diese Zigeuner, die statt Blut Maschinenöl in den Adern haben. Die Shumans haben gerade keine Unterkunft, Rock Hudson lädt sie zu sich ein. Nachts lernen Dorothy und Rock sich kennen. Da kann man spüren, die zwei hätten sich was zu erzählen. Rock verliert seinen Job, ein Flieger stürzt ab beim Rennen, Dorothy soll sich für ein Flugzeug prostituieren, weil Roberts kaputt ist. Rock und Dorothy haben sich doch nicht so viel zu sagen, Jiggs richtet das eine kaputte Flugzeug her, Robert startet und stirbt, Dorothy reist ab. Rock kriegt seinen Job zurück.

Lauter Niederlagen. Dieser Film ist eine einzige Ansammlung von Niederlagen. Dorothy liebt Robert, Robert das Fliegen, Jiggs liebt auch Robert oder aber Dorothy und Rock? Rock liebt Dorothy nicht, und Dorothy liebt Rock nicht. Das ist dann höchstens eine Lüge, wenn der Film das doch manchmal glauben macht, so, wie beide ein paar Sekunden denken könnten, vielleicht ...? Dann am Schluß sagt Robert zu Dorothy, daß er nach diesem Flug das Fliegen aufgeben würde. Und da stirbt er ja dann auch dran. Das wäre unvorstellbar, daß Robert sich wirklich mit Dorothy befassen würde, statt mit dem Tod.

Die Kamera in diesem Film ist dauernd bewegt, die tut so wie die Leute, um die es geht, als wäre tatsächlich was los. In Wirklichkeit ist aber alles so am Ende, daß die sich alle hinlegen könnten und sich beerdigen lassen. Und da sind Fahrten drin in dem Film, und Kranbewegungen und Schwenks! Douglas Sirk begegnet diesen toten Menschen mit einer Zärtlichkeit und einem Licht, daß man sich sagt, die sind doch alle so beschissen dran und dabei so lieb, da muß doch was schuld sein. Schuld ist die Einsamkeit und die Angst. Ich habe selten Einsamkeit so sehr gespürt und Angst wie in diesem Film. Der Zuschauer sitzt

im Kino wie der Sohn der Shumans im Karussell, als sein Vater
abstürzt. Man erkennt, was los ist, möchte auch rennen und
helfen, aber, wenn mans genau überlegt, was kann ein kleiner
Junge gegen ein abstürzendes Flugzeug tun? Sie sind alle schuld
an Roberts Tod. Drum ist Dorothy Malone auch so hysterisch
hinterher. Weil sie gewußt hat. Und Rock Hudson, der wollte
'ne Sensation. Als er sie hat, beschimpft er seine Kollegen. Und
Jiggs, der das Flugzeug nicht hätte reparieren dürfen, sitzt da
und fragt sich: Wo seid ihr denn alle? Schlimm genug, daß er
vorher nie gemerkt hat, daß keiner da war. Was man sich vormachen kann als Mensch, davon erzählen diese Filme. Und
warum man das nötig hat, sich was vorzumachen. Dorothy hat
von Robert ein Bild gesehen, ein Plakat als stolzer Flieger, als
sie sich in ihn verliebt hat. Robert hat natürlich dem Bild nicht
entsprochen. Was tun? Sich was vormachen. Bitte. Es zwingt
sie ja keiner, sagt man sich und will es ihr sagen, daß ihre Liebe
zu Robert gar keine ist. Was würde das nützen? Mit einer Illusion im Kopf läßt sich die Einsamkeit besser ertragen.
Bitte. Daß das nicht so ist, glaube ich, zeigt dieser Film. Sirk hat
einen Film gemacht, in dem permanent Aktion ist, in dem immer etwas los ist, in dem sich die Kamera häufig bewegt und in
dem man so viel von Einsamkeit begreift, und wie sie uns lügen
läßt. Und wie falsch das ist, daß wir lügen, und dumm.

»A time to love and a time to die«

»A time to love and a time to die« (1958). John Gavin kommt
von der Ostfront 1945 zum Fronturlaub nach Berlin. Das Haus
seiner Eltern ist zerstört. Er trifft Liselotte Pulver wieder, die er
kannte, als sie beide klein waren. Und weil sie so verzweifelt
sind und allein, fangen sie an, sich zu lieben. Der Film heißt
ganz richtig »Eine Zeit zu lieben und eine Zeit zu sterben«. Die
Zeit ist der Krieg. Das ist klar, das ist eine Zeit zum Sterben.
Und wo Tod ist und Bomben und Kälte und Tränen, da kann
eine Liebe gedeihen bei Douglas Sirk. Liselotte Pulver hat ein
Blümchen gepflanzt vor ihrem Fenster, das einzige bißchen Leben zwischen lauter Trümmerhaufen. John Gavin wird sterben

am Schluß, das ist von Anfang an klar. Und irgendwie hat das dann alles doch mit dem Krieg nichts zu tun. Ein Film vom Krieg, der müßte anders aussehen. Es geht um den Zustand. Den Krieg als Zustand und Nährboden für ein Gefühl. Die gleichen Typen, Liselotte Pulver und John Gavin, wenn die sich 1971 träfen, da wäre ein Lächeln, ein wie-gehts, schau mal an, und Ende. 1945 kann da die große Liebe draus werden. Das ist schon richtig. Die Liebe, die hat ja hier keine Probleme. Die Probleme, die passieren draußen. Drinnen, da können zwei Menschen zärtlich sein zueinander.

Zum ersten Mal kleine Liebe, mittelmäßige Menschen bei Douglas Sirk. Die schauen mit großen staunenden Augen an, was um sie herum geschieht. Denen ist alles unfaßbar, die Bomben, die Gestapo, der Wahnsinn. Unter den Umständen ist die Liebe das Einfachste, das, was man kapieren kann. Und da hält man sich dran. Aber ich möchte mir nicht vorstellen müssen, was mit den beiden passierte, wenn John den Krieg überleben würde. Der Krieg und das Grauen sind nur Dekor. Man kann keinen Film machen über den Krieg. Wie Kriege entstehen, das wäre wichtig, und was sie bewirken oder zurücklassen beim Menschen. Das ist auch kein pazifistischer Film, weil man sich keine Sekunde sagt, ohne diesen gräßlichen Krieg, da müßte das alles so schön sein oder was. Der Roman von Remarque »Zeit zu leben – Zeit zu sterben« ist pazifistisch. Remarque sagt, ohne Krieg wäre hier eine ewige Liebe, Sirk sagt, ohne Krieg wäre hier keine Liebe.

»Imitation of life«

»Imitation of life« (1959) ist Douglas Sirks letzter Film. Ein großer, wahnsinniger Film vom Leben und vom Tod. Und ein Film von Amerika. Der erste große Augenblick: Annie sagt zu Lana Turner, daß Sarah Jane ihre Tochter sei. Annie ist schwarz und Sarah Jane fast weiß. Lana Turner zögert, versteht schon, zögert immer noch und tut dann schnell so, als sei es die natürlichste Sache der Welt, daß eine Schwarze eine weiße Tochter hat. Aber es ist nichts natürlich. Nie. Den ganzen Film über nicht. Und doch versucht jeder krampfhaft, seine Gedanken oder seine Wünsche auch für das Seine zu halten. Sarah Jane möchte nicht als Weiße gelten, weil weiß die schönere Farbe ist als schwarz, sondern weil es sich weiß besser leben läßt. Lana Turner möchte nicht Theater spielen, weil das schön ist für sie, sondern weil man, wenn man Erfolg hat, einen besseren Platz hat in dieser Welt. Und Annie möchte keine Superbeerdigung, weil sie etwas davon hätte, denn dann ist sie ja tot, sondern weil sie der Welt nachträglich noch eine Bedeutung vormachen will, die sie als Lebende nicht haben durfte. Keinem der Protagonisten wird je klar, daß alles, Gedanken, Wünsche und Träume präzise aus der gesellschaftlichen Realität entstehen oder von ihr manipuliert sind. Ich kenne keinen Film, der diesen Umstand so deutlich und so verzweifelt formulieren würde. Einmal, gegen Ende des Films erzählt Annie Lana Turner, daß sie viele Freunde habe. Lana ist verblüfft. Annie hat Freunde? Jetzt leben die beiden Frauen seit zehn Jahren zusammen, und Lana weiß nichts von Annie. Da wundert sich Lana Turner. Und als ihre Tochter ihr vorwirft, sie immer alleine gelassen zu haben, da wundert sich Lana Turner auch, und als Sarah Jane dann plötzlich aufsässig wird gegen die weiße Göttin, und als sie Probleme hat und für ernst genommen sein will, auch da kann sich Lana Turner nur wundern. Und sie wundert sich, als Annie stirbt. Man kann doch nicht einfach so sterben. Das ist nicht gerecht, daß man jemanden plötzlich so konfrontiert mit dem Leben. Den ganzen zweiten Teil des Films über kann Lana sich nur wundern. Das Ergebnis dann ist, daß sie in Zukunft dramatische Rollen spielen will. Leid, Tod, Tränen –, da muß man doch was draus machen. Da wird die Problematik der Lana Turner zur Problematik des Filmemachers. Lana ist Schauspielerin, möglicherweise wirklich eine gute. Das erfährt man nicht so genau. Zu Beginn muß Lana Geld verdienen für sich und ihre Tochter. Oder will sie Karriere machen? Der Tod ihres Mannes scheint sie so sehr nicht getroffen zu haben. Sie weiß über ihn: er war ein guter Regisseur. Ich glaube, Lana will Karriere machen. Das Geld interessiert sie in zweiter Linie, nach dem Erfolg. In dritter Linie John Gavin. John liebt Lana, ihr zuliebe, um sie ernähren zu können, hat er künstlerische Ambi-

tionen hintan gestellt und sich als Fotograf bei einer Werbe-
firma anstellen lassen. Das kann Lana gar nicht verstehen, wegen Liebe die Ambitionen verleugnen. Ja, ich bin ganz sicher,
Lana will kein Geld verdienen, sie will Karriere machen. Und
John ist auch dumm, er stellt Lana vor die Alternative, Ehe
oder Karriere. Lana findet das toll und dramatisch und entscheidet sich für ihre Karriere.

Das geht den ganzen Film über so. Die machen immer Pläne
vom Glück, von der Zärtlichkeit, dann klingelt das Telefon, ein
neues Angebot, Lana lebt auf. Der ist nicht zu helfen, der Frau.
Und John Gavin auch nicht. Eigentlich müßte der doch bald
kapiert haben, daß da nichts geht. Und dennoch hängt er sein
Leben an diese Frau. Wo nichts geht, da sind sie immer ganz
schön hinterher, die Menschen. Lanas Tochter dann verliebt
sich in John, die ist so, wie John Lana gern hätte, aber – sie ist
eben nicht Lana. Das kann man dann schon verstehen. Nur
Sandra Dee verstehts nicht. Möglich, wer liebt, versteht weniger. Auch Annie liebt ihre Tochter und versteht gar nichts von
ihr. Als Sarah Jane noch klein ist, regnet es, und Annie bringt
ihrer Tochter einen Regenschirm in die Schule. Sarah Jane hat
in der Klasse vorgetäuscht, sie sei eine Weiße. Als ihre Mutter
dann den Schirm bringt, kommt der Betrug auf. Das wird Sarah
Jane nie vergessen. Und als Annie kurz vor ihrem Tod Sarah
Jane ein letztes Mal sehen möchte und sie in einer Bar in Las
Vegas besucht, da ist sie vor lauter Liebe immer noch nicht fähig, das zu verstehen. Daß Sarah Jane als Weiße gelten möchte,
das sieht sie als Sünde. Das ist das Schreckliche an dieser Szene,
die Gemeine ist Sarah Jane, die Arme, Bedauernswerte ist die
Mutter. Im Grunde aber ist es genau umgekehrt. Die Mutter,
die ihr Kind besitzen möchte, weil sie es liebt, ist brutal. Und
Sarah Jane wehrt sich gegen den Terror der Mutter, gegen den
Terror der Welt. Das ist grausam, da kann man sie beide verstehen, beide haben auch recht, und beiden wird keiner je helfen
können. Es sei denn, wir verändern die Welt. Da haben wir alle
geweint im Kino. Weil das so schwer ist, die Welt zu verändern.
Dann bei Annies Beerdigung, da findet sich wieder alles zusammen, da tun sie für Momente, als wäre alles okay. Und dieses
»so-tun« zwischendurch, das läßt sie immer weiter die gleiche

23

Scheiße bauen, weil sie schon ahnen, wonach sie sich sehnen, eigentlich, und vergessen es dann wieder.

»Imitation of life« fängt an wie ein Film über die Figur von Lana Turner, und ganz unmerklich wirds dann ein Film mit der Negerin Annie. Hier hat zum Schluß der Regisseur seine Problematik hintan gestellt, das, was ihn beträfe an dem Thema, und hat sich die Täuschung des Lebens bei Annie gesucht und weit Grausameres gefunden, als er bei Lana Turner oder bei sich hätte entdecken können. Noch weniger Chancen. Noch mehr Verzweiflung.

Ich habe versucht, über sechs Filme von Douglas Sirk zu schreiben, und habe entdeckt dabei, wie schwer es ist, über Filme zu schreiben, die was zu tun haben mit dem Leben, die nicht Literatur sind. Ich habe vieles weggelassen, was vielleicht wichtiger wäre. Ich habe zu wenig vom Licht gesprochen, wie sorgfältig es ist oder wie es Sirk hilft, die Geschichten zu verändern, die er erzählen mußte. Und daß es außer ihm eigentlich nur noch Josef von Sternberg gibt, bei dem das Licht so gut ist. Und ich habe zu wenig von den Räumen gesprochen, die Douglas Sirk sich hat bauen lassen. Wie ungeheuer genau sie sind. Ich habe zu wenig untersucht, wie wichtig Blumen sind und die Spiegel und was sie den Geschichten bedeuten, die Sirk uns erzählt. Ich habe zu wenig betont, daß Sirk ein Regisseur ist, der mit Schauspielern maximale Ergebnisse erzielt. Daß bei Sirk selbst solche Knattermimen wie Marianne Koch oder Liselotte Pulver zu Menschen werden, denen man glauben kann und möchte. Und dann habe ich viel zu wenig Filme gesehen. Ich möchte sie alle sehen, alle 39, die Sirk gemacht hat. Dann bin ich vielleicht weiter, mit mir, mit meinem Leben, mit meinen Freunden. Ich habe 6 Filme von Douglas Sirk gesehen. Es waren die schönsten der Welt dabei.

Februar 1971

Einer, der eine Liebe im Bauch hat

Einer, der eine Liebe im Bauch hat, der muß nicht am Flipper spielen, weil eine Liebe schon genug mit Leistung zu tun hat, daß man die Maschine nicht braucht, gegen die man doch nur verlieren kann. Wenn eine Frau im Regen steht und weint, dann hat sie der Geliebte verlassen. Und – er hat sie verlassen, weil sie es nicht geschafft hat, ihn an sich zu fesseln. Es ist schon eine Anstrengung dabei, bei der Liebe, das ist eben so. Begrenzungen machen frei. Terror kann nicht so grausam sein wie die Angst vor dem Terror. Oder – verlassen zu werden, kann nicht so einsam machen wie die Angst vor dem Ende, denn die Angst vor dem Ende schafft ein Klima, in dem hast du Angst vor dem Terror. Alles in Einzelteile zerlegen und neu zusammensetzen, das müßte schön sein. Man kann immer nur ausgehen von dem, was ist. Keine Utopie ist eine. Und – die Vorstellung von einer schönen Liebe ist eine schöne Vorstellung, aber die meisten Zimmer haben vier Wände, die meisten Straßen sind gepflastert, und zum Atmen brauchst du Luft. Ja – die Maschine ist ein perfektes Ergebnis des Kopfes. Ich hab mich entschlossen, ich spiel wieder Flipper und laß die Maschine gewinnen, egal – der letzte Sieger bin ich.

März 1971

Acht Stunden sind kein Tag

Ein paar unordentliche Gedanken
zu Jochen und Marion und ...

Das, was Jochen und Marion und Oma und Gregor und noch
ein paar von dem unterscheidet, was man sonst sich als Arbeiter
vorstellt, oder im Fernsehen und sonstwo dafür verkauft bekommt, ist, daß sie noch nicht so kaputt sind.

Immerhin, möchte man da sagen, in vielen anderen Sachen
wird doch auch ganz genau darauf verzichtet – auf das Kaputt-
sein, die Realität oder was sonst noch dabeisein muß beim Mi-
lieu, und das ist doch gerade das, was viele so sehr abstößt an
vielem und umgekehrt – anzieht.

Aber – ein Funken Utopie ist dabei, bei Jochen und Marion und
Oma und noch ein paar anderen. Eben der Funke, der bei den
einen Sachen fehlt und bei den anderen Sachen keine Utopie
ist, sondern Gedankenlosigkeit oder Lüge.

Jochen und Marion, die lieben sich – das kann schön sein, sich
zu lieben, weil das auch Chancen gibt, wenn einem was einfällt
zu einer Liebe. Es müßte schön sein, sich Figuren einfallen zu
lassen, die sich was einfallen lassen und Chancen haben und –
ich weiß, es ist schön!

Und Oma und Gregor – da sind zwei, die machen was aus ihrem
Alter und ... ich würde meiner Oma wünschen, daß Oma und
Gregor mir schon vor zwanzig Jahren eingefallen wären oder
einem anderen und meine Oma hätte das gesehn und würde
nicht christlich wählen heute und mit nichts sonst beschäftigt
sein als dem Sterben.

Und viel von Solidarität. Die Momente kennt doch jeder, wo
man mit ein paar anderen zusammen »in einem Boot sitzt« und
plötzlich spürt, man ist zusammen und da kann was draus werden, das gut ist für alle, und man ist nicht allein. Auch darum
gehts.

26

Oder ums Kämpfen. Kämpfen kann schön sein, sag ich, wenn man im Recht ist und in der Mehrheit – und spannend kanns sein, das Kämpfen.

Und Saufen kann schön sein, wenn mans nicht mehr braucht, um aggressiv werden zu können.

Und Aggressivität kann schön sein, weils danach stiller wird und friedlich, und lustig ist sie meistens auch, die Aggressivität, wenn man sie in Beziehungen sieht zu anderen Dingen. Da darf man ruhig lachen.

Da sind soviel Menschen, mein ich, außer dem Jochen, der Marion, der Oma – da sind die Monika, der Harald – da ist Gregor – da sind Wolff und Käthe, Manni und Sylvia, da ist Franz und Peter und Jürgen und Rolf und Manfred und Irmgard und Rüdiger und ... und die sind alle verschieden, die sind naiv und spießig, lieb und bös und brav und blöd und schlau, ich habe sie alle sehr lieb. Immerhin. Und ich muß mich nicht schämen für das, was sie tun, wenigstens meistens nicht, oder für das, was sie denken. Eigentlich gar nicht, weil ... ich glaub, sie wärn richtig, wenn sie so wärn, wie sie sind. Oder ein bißchen richtig.

Und meine Oma – ich meine, ich habe das nicht ganz so zufällig gesagt, das mit meiner Oma. Und das ist es dann ja auch schon.

Dezember 1972

... Schatten freilich und kein Mitleid

Ein paar ungeordnete Gedanken zu Filmen
von Claude Chabrol

Es gibt nichts Schöneres als die Parteinahme für die Unterdrückten, die wahre Ästhetik ist die Verteidigung der Schwachen und Benachteiligten. (Gerhard Zwerenz)
Denn alle Schuld rächt sich auf Erden, auch die, Schemen oder doch mindestens Halbschemen für Menschen ausgegeben zu haben. (Theodor Fontane)

Es fängt so an, wie es weitergeht. Und hat sich, letztlich, bis heute noch nicht geändert. Denn als François durch Sardent, seinen Geburtsort, den er lange nicht besucht hatte, geht, da sagt ihm mit seltsamem Klarblick Marie in etwa, er sehe sich alle Menschen im Ort so an, als seien sie Insekten. Das war 1957 in »Le beau Serge«. Und Chabrol, der sich mit François identifiziert, hat gelogen, als er den Film mit dessen Läuterung enden läßt. Chabrol selbst hat sich nicht geläutert. Im Gegenteil. Er hätte sonst sein weiteres Schaffen aus dem Schluß des »Beau Serge« entwickelt, aus der Erkenntnis François', daß man helfen müsse. Und dann – ehrlich – wäre er vielleicht ein großer Filmemacher geworden. Jetzt, rückwärts gesehen, ist der Schluß von »Le beau Serge« eine aufgesetzte, christlich verkrampfte Attitüde. Und er ist auch kein großer Filmemacher geworden, wenngleich es da viel Hübsches, Gelungenes und sogar ein paar große Filme gibt.
Chabrols Blick ist nicht der des Insektenforschers, wie oft behauptet wurde, sondern der eines Kindes, das eine Anzahl von Insekten in einem Glaskäfig hält und abwechselnd staunend, erschrocken oder lustvoll die merkwürdigen Verhaltensweisen seiner Tierchen betrachtet. Ganz nach eigener Verfassung, das mag mit gutem oder schlechtem Schlaf, gutem oder

schlechtem Essen zusammenhängen, verändert er seine Haltung den Tieren gegenüber. Er hat eine Haltung also, die wechselt. Er forscht nicht. Sonst könnte und müßte er Gründe für die Brutalität der Wesen finden und weitergeben. Abgesehen davon, daß es da eine Anzahl von Tierchen geben muß, die weniger bunt sind als die andern, weniger schillernd, aber in der überwältigend großen Mehrzahl farblose Tierchen, die die Grundlage für das Dasein der schöneren Tierchen schaffen. Die aber übersieht das Kind, das nicht forscht, sondern nur schaut, sich blenden läßt von Glitzerndem, vom Besonderen, die übersieht es und kann daher die Verhaltensweisen seiner bevorzugten Geschöpfe auch nicht wirklich begreifen. Es wird immer blinder, das Kind, und wütend und verzweifelt über die eigene Blindheit, denn die eigene Unzulänglichkeit spürt es ja, das Kind – wird es eines Tages mit seinen Tierchen einen Film drehen, den wird es »Nada« nennen: Nichts.

Es ist immer wieder das Schicksal, das zuschlägt, der Zufall, der hilft und die Geschichte weiterführt. Warum erschießt Paul seinen Cousin Charles? Tja – Schicksal. Und ein zufälliges dazu. Es hätte auch anders kommen können, die Kugel hätte auch Paul treffen können, als Charles nachts auf ihn abdrückte. Wenigstens die Idiotie der Geschichte wäre gebrochen worden. So wird sie eben konsequent zu Ende geführt, die Idiotie, die eigentlich Dummheit ist. Und was ist das Wichtige an konsequenter Dummheit? Die Konsequenz oder die Dummheit? Was soll's – der Plot geht eben so mehr ans Herz des plumpen Zuschauers, den man verachtet. Wie steht es wirklich mit dem Faschismus in Frankreich 1958? »Les cousins« ist ein Zeitdokument ohne Zeit und ohne dokumentarischen Wert, Faschismus 1958 in Frankreich, das kann doch nicht Wagner sein und ein mit dem Ruf »Gestapo« bedeckter Jude. Gewiß, ein farbiger Student wird zweimal dumm angeredet, das muß man zugeben. Und es ist sehr mutig von Chabrol, das gezeigt zu haben. Aber was ist mit den Hunderttausenden von Nordafrikanern, die in Paris ausgebeutet und diskriminiert werden? Aber ja, man kann jemandem nicht das vorwerfen, was er nicht gemacht hat, oder? Nur, mir scheinen die Dinge, die es bei Chabrol nicht gibt, die wesentlicheren zu sein. Immerhin gibt es den Haß zwischen Thérèse und Henri Marcoins. Haß ist geblieben nach einer langen Ehe in »A double tour«. Das ist doch schon was. Mehr jedenfalls als die sprachlose Verachtung Pauls für Charles aus den »Les cousins«, die eben nicht »auf die Dauer in einer anderen, diesmal kollektiven, Verirrung mündet: im Faschismus« (Cahiers du Cinéma, 1960). Zum Faschismus, mein Gott, führen doch gewiß andere Dinge als die Verachtung eines cleveren Jungen für seinen tranigen Cousin.

Der Haß also in »A double tour«, die Ehe, die den Menschen zerstört, weil sie eigentlich unmenschlich ist, die Erziehung der Kinder in Ehen und was dann wiederum aus diesen Kindern werden muß, zwangsläufig – das wäre schon ein Thema. Auch als Märchen, gewiß – Film muß keine nachgestellte Wirklichkeit sein. Aber als Lüge? Chabrol hat ja recht, über eine kleine Schicht der Gesellschaft, zu der ohnehin kaum einer Zugang hat, wie das Großbürgertum, da kann man freiweg Lügen erzählen. Oder aber hat der Zuschauer nicht doch die Möglichkeit, die Lügen auf seine eigene Realität umzudenken? Hat das alles nicht doch etwas mit den Ehen unserer Eltern zu tun? Die Heuchelei um die Besitzansprüche? Aber, daß unsere Eltern diese Besitzansprüche haben, das ist halt doch nicht ihre Schuld, das ist die Schuld ihrer Erziehung, und warum sie so erzogen wurden, das hat . . .

Chabrol sieht das nicht so. Chabrol ist fraglos, wie seine späteren Filme beweisen, ein Befürworter der Ehe. Und die Ehe ist in erster Linie eine staatstragende Institution. Aber Chabrol ist gegen die Heuchelei in der Ehe, gegen den Besitzanspruch, statt gegen die Ehe zu sein. Es ist alles wohlfeil, die Gefühle sind es und die Bedürfnisse auch. Keine Frage nach den wahren Bedürfnissen und den wahren Gefühlen. Kein Hinweis, daß Bedürfnisse, die man für die eigenen hält, doch nur die sind, die man dafür halten soll. An sich scheint alles in Ordnung. Die Unordnungen, die entstanden sind, sind irrational bei Chabrol, nicht zwangsläufig, wie sie es in diesem Gesellschaftssystem tatsächlich sind. Richard Marcoux (in »A double tour«), falsch erzogener Sohn und Mörder, wird eben nicht zum Mörder, weil er falsch erzogen ist, sondern weil er noch dazu schwachsinnig

30

ist. Und das ist die Lüge Chabrols, eine Lüge, die dem Zuschauer dann doch die Möglichkeit nimmt, das Märchen auf seine Realität umzudenken. Aber wozu dann ein Film? Nur um Geld zu machen? Na ja, es ist ja immerhin eine Industrie, die Filmindustrie. Und Geldmachen ist ein ehrenwertes Motiv, gewiß, aber das einzige? Und daß solche Filme gefährlich sind, weil sie verdummen, Mut nehmen statt zu geben, den Blick verkleben statt ihn zu erhellen? Es ist ja nur Kunst, und was kann Kunst schon ausrichten? Vielleicht ...

Chabrol muß die Sackgasse gespürt haben, in die er mit »A double tour« geraten war und in der er sich später so perfekt einrichten soll. Er machte nämlich »Les bonnes femmes«. Und hatte Pech damit. »Les bonnes femmes« ist der einzige Film von Chabrol, in dem es fast nur Menschen gibt und nicht nur Schatten. Endlich hat Chabrol eine Spur von Zärtlichkeit für seine Figuren, eine Zärtlichkeit, die er später nur ganz selten und nur einzelnen Figuren, etwa denen, die Michel Bouquet gespielt hat, entgegenbringen konnte. Hier begibt er sich mit seinen Figuren in die häßlichsten und widerlichsten Situationen, aber er bleibt bei ihnen, das Kind hat die Hand in den Glaskasten mit den Insekten gesteckt. Natürlich, es ist gebissen worden. Und so schnell wird es seine Hand nicht mehr hineintun, um sie den Tieren auszuliefern. Jedenfalls bis heute hat es das nicht mehr gewagt. Sicher, es hat einzelne Insekten, besonders schillernde, herausgeangelt und vorsichtig gestreichelt. Aber weiter ist es nicht mehr gegangen. Die Kritik hat Chabrol gründlich eins in die Schnauze gehauen. Und das Publikum ist der Kritik gefolgt. Dabei haben die Kritiker merkwürdigerweise scheinbar Partei für die Figuren genommen, die Chabrol hier einmal tatsächlich geliebt hat. Ich glaube, sie, die Kritiker und das Publikum, haben die guten Frauen verachtet, und haben Chabrol dafür bestraft, daß er ihnen gezeigt hat, wie und was sie verachten. Und »Les bonnes femmes« ist zudem ein revolutionärer Film, denn er provoziert wirklich Wut gegen ein System, das den Menschen so verkommen läßt. Es ist ein Film, der ganz klarmacht, hier muß was passieren. Chabrol war von seiner Arbeitsmethode her leider gezwungen, mit viel Geld Filme machen zu müssen, sonst hätte er mit weniger Geld billigere Filme ge-

macht und gelernt, auch mit kleinem Budget perfekt zu arbeiten. Es ist genau umgekehrt gekommen. Er hat gelernt, mit
großem Budget schlampige Filme zu machen. Auch ein Weg.
Zunächst versuchte Chabrol nach »Les bonnes femmes« so was
wie B-Pictures zu machen, die aber ganz offensichtlich an zu
wenig Action und etwas zu viel Kunst litten. Das Publikum zumindest mochte »Les godelureaux«, »L'œil du malin«, »Ophe-
lia« und »Landru« nicht. Ich kenne aus dieser Periode, Chabrols zweiter, nur »Landru« – ein merkwürdiges Monster, der
Film. Wochenschaubildern aus dem Ersten Weltkrieg werden
theaterhafte Tableaux gegenübergestellt; den Landru, von der
Geschichte, die erzählt wird, richtig eben nicht als Monster gesehen, sondern als jemand, der in einer grausamen Zeit sich
grausam verhält, läßt Chabrol von Charles Denner so extrem
outrieren, daß man auch die Geschichte nicht mehr glauben
mag. Es widerspricht sich alles so, daß man am Ende »nichts«
gesehen hat, nichts erfahren. Der Spaß, den man immer wieder
an dem Vorsprung, den man als Zuschauer hat, entwickeln
kann, frißt sich selber auf, wegen Chabrols Lust am Ekelhaf-
ten, der er nachgibt, bis aus Lust Manie wird, Manie, die langweilt, so lange langweilt, bis auch der Film langweilt, weil er
eben nichts ist als er selbst, der Film und die Bilder, durchweg
schöne übrigens, werden zu Feindbildern. Das kann heißen,
Chabrol hat zu dieser Zeit, wohl noch extremer als später, das
Publikum als seinen Feind begriffen, und, na klar, warum soll
man seinen Feinden Gutes tun?
Chabrol hatte von 1957 bis 1962 jedes Jahr zumindest einen,
wenn nicht zwei lange Spielfilme drehen können. 1963 hat es
nur zu einem 18minütigen Sketch gereicht, so daß die jetzt folgende dritte Periode gewiß auch dadurch zu erklären ist, daß
Chabrol Geld verdienen mußte. Aber eben nur auch. Es hat
schon seine Konsequenz, daß er mit den zwei »Tiger«-Filmen,
ich würde sagen: staatstragende Agentenfilme gemacht hat, in
denen kaum der Versuch gemacht wird, das Genre zu unterlaufen, wohl eher es zu erfüllen. Aber da ist Terence Young etwa
halt viel besser. Chabrol fällt zu dem Genre nichts Eigenes ein.
Er hat sogar schon große Mühe mit der Imitation, es ist eben
alles ein paar Nummern zu klein geraten, auch der Spaß, den

man an diesen Filmen haben könnte. Was bleibt, ist das Übereinkommen zwischen Chabrol und seiner Republik. Frankreich hat in Chabrol keinen Kritiker, keinen Balzac des 20. Jahrhunderts, für den er sich selbst gerne hält, das zumindest beweisen diese Filme, sondern Frankreich hat einen systemimmanenten Zyniker in Chabrol, einen Zyniker mit großer Sehnsucht nach dem Naiven, nach der verlorenen Identität. Und aus dieser merkwürdigen Zusammenstellung entstehen dann Filme wie »Marie-Chantal contre Dr. Kha«, »La ligne de démarcation« und »La route de Corinthe«. Scheinbar naive Filme mit naiven Helden. Das geht noch an in den beiden Agentenfilmen, »Marie-Chantal« und »La route de Corinthe«, da der Agentenfilm ohnehin ein naives Genre ist, wird aber vollends zur Farce in der an der Realität meßbaren »Ligne de démarcation«. Es ist kein Zufall, daß gerade Chabrol sich von Oberst Rémy ein Drehbuch schreiben ließ. Waren doch die ehemaligen Résistance-Leute später die reaktionärsten Vertreter einer sonderbaren Staatsmoral. Chabrol ist dem mit seiner sauberen, genauen Nacherzählung voll aufgesessen. Lauter gute Franzosen, daß einem die Haare zu Berge stehen, und selbst der feige Adlige, der es den ganzen Film über für unsinnig hält, sich den Deutschen im Untergrund zu widersetzen, darf am Schluß geläutert sterben. Und die guten Franzosen stimmen mal kurz die Internationale an, um dann doch mit der Marseillaise zu enden. Da hilft auch kein aufgesetzter Schwenk zur Fahne mit Hakenkreuz, da ist schon jeder Ansatz zu der Frage, was denn später aus dem befreiten Frankreich geworden ist, den schönen Rhein hinuntergeflossen. Die beiden anderen Filme, mit den weiblichen Zufallsheldinnen Marie-Chantal und Shanny sind hübsch, immerhin, so hübsch eben wie Marie Laforet und Jean Seberg. Viel mehr ist nicht, wenngleich mancher sich auch in tiefe metaphysische Betrachtungen verlieren mag, was Chabrol wohl für eine Botschaft hat, wenn er der Kleinbürgerin Chantal die Macht über die gesamte Menschheit an die Ohren hängt. Alle Macht dem Kleinbürgertum oder so was ähnliches? Wer weiß.

Chabrol hat die angekündigte Fortsetzung von »Marie-Chantal« nicht mehr drehen können. Zum Glück. Chabrols treuherziger Versicherung, in dieser Periode eben reine Brotarbeit gemacht zu haben, mag ich so recht nicht glauben. Es sind immerhin fünf Filme, dazu zwei geplante Fortsetzungen, über vier Jahre, da weiß einer doch, was er macht. Und er weiß auch, was er hätte machen können, jedes Genre ist so unterlaufen, alles kann man so machen, daß es sich in der Wirkung ins Gegenteil verkehrt. Man schaue sich nur die aufgezwungenen Happy-Ends in den Hollywoodfilmen an, die konnte man eben auch so und so machen. Chabrol hat sich für den leichten Weg des Affirmativen entschieden, und ich sags noch mal, ich glaube, er wußte, was er tat.

Mit »Le scandale«, obwohl vor »La route de Corinthe« gemacht, tritt Chabrol in die vierte Periode seines Schaffens, in die, die man wohl im allgemeinen mit dem Namen Chabrol assoziiert. Auf einen Nenner gebracht, könnte man sagen, daß Chabrol ab jetzt daran arbeitet, bürgerliche Werte abzuklopfen. Die Frage ist nur, klopft er sie ab, um sie zu überwinden oder um sie zu erhalten? Ich glaube, letzteres trifft zu. Tja, Chabrol ist eher traurig darüber, daß alles nicht mehr so ordentlich und übersichtlich ist, traurig darüber, daß die Menschen so schlecht sind. Es sind immer noch nicht die Umstände und die Systeme, die den Menschen so machen, was Chabrol interessiert, sondern das Ergebnis, wenn es pittoresk genug ist. Und das eben ist unmenschlich. Chabrols Filme dieser letzten Epoche sind unmenschlich, weil sie fatalistisch, zynisch und menschenverachtend sind. Und Ausnahmen bestätigen damit die Regel. Merkwürdigerweise sind jetzt, im Gegensatz zu früher, die von vornherein irreal angelegten Geschichten, »Les biches« und »La rupture«, die erträglicheren. Und »Le boucher« ist ein großer Film, immerhin, da entwickelt Chabrol das einzige Mal aus echten Menschen heraus eine Geschichte. Ach, er entwickelt überhaupt das einzige Mal. Der einzige Film, der dem Zuschauer nicht alles als ohnehin sinnlos und endgültig auf den Kopf haut. Und das tut er sonst in allen Filmen. Er haut den Leuten auf den Kopf, und das in einer Form von Perfektion, der man kaum widerstehen kann. Und das macht es so gefährlich. In sich stimmt dieses Universum ja. Aber es hat nun mal mit dem Leben derer, die diese Filme finanzieren durch den

Kauf der Kinokarte, nichts zu tun, läßt sich das aber nicht anmerken, außer eben in »Les biches« und »La rupture«. Beides Filme, die durch ihre Abgeschlossenheit wieder einigermaßen offen sind, wo es auch nichts ausmacht, daß keine Menschen zu sehen sind, sondern nur Schatten. Schatten freilich, die einen unfaßlichen Glamour haben. Schatten, mit denen gut erzählt wird. Chabrol ist wahrscheinlich der Regisseur, der seine Art zu erzählen am perfektesten beherrscht. Wenngleich die Filme formal immer schlampiger werden. Manchmal meint man, Chabrol habe das Zoom gerade eben erst entdeckt, das Traurigste aller filmischen Mittel. Pro Film ein, zwei ungeheuer schöne Fahrten, ansonsten Fehlanzeige, platte, glatte Bilder, ohne daß am Licht gearbeitet worden wäre oder an den Farben. Und zwei richtig schlimme Filme: »Docteur Popaul« und »Nada«. Das ist dann schon reiner Faschismus. Ganz klar. Aber das war ja schon früher alles angelegt und kommt dann eben eines Tages raus.

Chabrols Verachtung für sein Publikum wird ganz klar bei seinen vier Fernsehfilmen. So kopf- und gedankenlos darf man für so viele Menschen nicht arbeiten, wie Chabrol das hier tut. Statt das Fernsehen als Aufgabe zu erkennen, die vielleicht größte für einen Filmemacher, ist es ihm nur lästig. Aber das hat ja seine Logik.

1975

Gehabtes Sollen – gesolltes Haben

Über Gustav Freytags Roman »Soll und Haben«
und die verhinderte Fernsehverfilmung

Es sind gerade die schmutzigen Stellen des Romans »Soll und Haben« – das uns falsch erscheinende politische Bewußtsein seines Autors, das, was er an späterem Schrecken wenn nicht erzeugt, so doch literarisch gedeckt hat, übrigens bei eher geringem literarischen Anspruch –, die uns zu einer der vielleicht wichtigsten Auseinandersetzungen zwingen, die mit Geschichten und unser aller Geschichte, mit dem 19. Jahrhundert und unsren gesellschaftlichen Ahnen und uns selbst möglich sind und nötig und die der Film gerade mit Hilfe des Mediums Fernsehen zu leisten imstande ist.

Und was ist das Besondere am Roman »Soll und Haben«, an diesem dicken Werk von, wie schon gesagt, sprachlich eher minderer Qualität, in dem außerdem auch noch das mit Verwerflichste geschieht, das laut Fontane in jedweder künstlerischen Arbeit geschehen kann, nämlich Schemen und Schatten für Menschen auszugeben? »Soll und Haben« erzählt davon, wie das Bürgertum in der Mitte des letzten Jahrhunderts nach einer gescheiterten bürgerlichen Revolution sein Selbstverständnis entwickelte, seine Wertvorstellungen etablierte, Wertvorstellungen, die es nicht viel weiterbrachten als zu Begriffen wie Fleiß, Ehrlichkeit und Rechenhaftigkeit, sowie das sogenannte deutsche Wesen, was einfach Abgrenzung nach allen Richtungen war, zum Proletariat und zum Adel nach innen, zu allem Fremden nach außen, und vor allem Abgrenzung gegen ein als jüdisch denunziertes Weltbild der Objektivität, der Humanität und der Toleranz, Wertvorstellungen also, die sichtlich ohne viele Umwege in die Ideologie des Nationalsozialismus des Dritten Reiches aufgenommen werden konnten, aber eben auch Wertvorstellungen, und das ist der letztlich entscheidende

Zwang für die Auseinandersetzung mit diesem Roman, die sich auch in die heutige Gesellschaft verlängert haben.

Einfach gesagt, es hat sich, obwohl das Dritte Reich mit Schrecken und unfaßlicher Grausamkeit eben diese Wertvorstellungen als das eigentliche Deutsche erklärte und alles Abweichende, Zweifelnde auszumerzen versuchte, die inhaltliche Substanz dieser Wertvorstellungen in allzu vielen Hirnen bis heute festgeschrieben, ohne sie zugleich kritisch zu reflektieren. Das, meine ich, das Erkennen bestimmter Werte und Haltungen als geschichtlich gewordene, kann an Hand einer Neubesichtigung von »Soll und Haben« geleistet werden.

»Soll und Haben« ist nämlich gerade wegen dieser Gedanken, die es provoziert, eine ungemein spannend zu lesende Geschichte. Die Figuren, wie auch immer Schemen, werden in Situationen gezeigt, die aufregend sind, Situationen, die in sich dramatisch, sentimental, geheimnisvoll sind. Das sind Voraussetzungen, die die Forderungen beispielsweise an Unterhaltung voll erfüllen. Eine andere Voraussetzung ist die: Das darf nicht erneut verdummen und bestätigen. Unsere Aufgabe ist also die, eine wüste, sentimentale, fesselnde Geschichte auf die Beine der Geschichte zu stellen und so die von Freytag vertretene Ideologie der »Totalität der Mitte« (Hans Mayer) als eine potentiell faschistoide durchschaubar zu machen. Merkwürdigerweise ist das gar nicht so schwierig, schon weil gegen den Ideologen Freytag sich immer wieder der Journalist Freytag durchsetzt, der Erlebtes und Interpretiertes voneinander trennt, seine eigene Ideologie in kommentierende Passagen verlagert, die sich denn auch als hanebüchen genug zeigen. Ohne sie entdeckt man bei Freytag plötzlich die Beschreibung von denkbarer Wirklichkeit, zum großen Teil Beschreibungen von, und ich scheue mich nicht, das zu sagen, genau beobachteter »Wahrheit«. Und das ist schon sehr, sehr viel.

Ein Judenviertel in seiner verordneten Enge, seiner Trostlosigkeit, seiner Hoffnungslosigkeit beispielsweise wird genau beschrieben; in den folgenden ideologisierenden Passagen wird dann freilich ungeniert behauptet, diese Viertel seien so, weil deren Bewohner sie gar nicht anders wollten. Mit den bürgerlichen Figuren tut Freytag sich leichter, vertritt er doch deren

Identität; folgerichtig brauchen deren Handlungen nicht durch Kommentare des Verfassers heroisiert zu werden und von uns kaum entmythologisiert, sie brauchen nur zu handeln, wie sie auch bei Freytag handeln, handeln eben für den heutigen Zuschauer ganz so, wie er es sich interpretieren sollte und kann, clever, ekelhaft, gescheit oder mies – wir heute haben nicht dafür einzustehen, wie unsre Väter diese unsre Gesellschaft in Gang gebracht haben, sowenig wie dafür, wie sie sie ruiniert haben – wir wissen heute mehr darüber und können das unsern Zuschauern einfach zeigen – es ist auch ihre Geschichte.

Der Journalist Freytag und die Juden: Kappt man, was er uns in seinem Bewertungsschema beibringen will, beschreibt selbst er sie schon als ausgestoßene Gruppe, die deshalb nicht anders kann, weil sie nicht anders darf, deren Verhaltensweisen geprägt werden durch mindere Rechte innerhalb des Staatsgefüges, in dem sie leben. Ganz klar wird auch bei Freytag schon, bei geringfügiger Verdichtung seines Materials, daß es eben andrerseits genau jene besonderen Rechte, die die Juden erhalten hatten und die allein ihnen das Bürgertum zugestand, da sie in seine Ideologie des Ehrenwerten nicht hineingepaßt hätten, nämlich in erster Linie das Verleihen von Geld, das Geschäftemachen mit Geld, daß es diese »Rechte« waren, die die Juden wiederum verhaßt machten.

Um was anderes aber, als eben auch Geld zu verdienen, Werte zu steigern, ist es dem Bürgertum gegangen? Um nichts anderes. Das Bürgertum hat also die Juden gebraucht, um seine eigenen Haltungen nicht verachten zu müssen, um sich stolz und groß und stark fühlen zu können. Das letztendliche Ergebnis solch unterbewußter Selbstverachtung war die Massenvernichtung der Juden im Dritten Reich; eigentlich sollte ausgemerzt werden, was man an sich selbst nicht wahrhaben wollte. Dadurch, wie auch immer, nicht allein durch die Zeit von 33 bis 45, ist die Geschichte der Deutschen und der Juden auf alle Zeit miteinander verknüpft, so etwas wie eine neue andere Erbsünde wird sich in den Menschen verfestigen, die in Deutschland geboren und leben werden, eine Erbsünde, die nicht etwa dadurch von geringer Wichtigkeit wäre, weil die Söhne der Mörder sich heute die Hände in Unschuld waschen.

Unser Verhältnis zur bürgerlichen Ideologie, zu den Juden und jener im Unterbewußtsein fortwährenden Schuld, fordert von uns eine Beschäftigung mit einer Geschichte wie »Soll und Haben«, gerade um der Gefahr einer erneuten Pervertierung der bürgerlichen Ideologie durch das Durchsichtigmachen ihrer Grundelemente zu begegnen.

Ich will hier nicht näher auf die im Roman »falsch« erzählte Haltung der Deutschen zu den Slawen und dem von Freytag als »richtig« interpretierten frühen Imperialismus des deutschen Bürgertums und der dadurch notwendigen Verächtlichmachung der Völker, deren Land man erobern möchte, eingehen. Ein Film »Soll und Haben« wird auch hier historisch »richtig« das als falsch erzählen, was Freytag und mit ihm seine Figuren und seine Leser für »richtig« hielten.

Zuletzt noch einmal: »Soll und Haben« ist mit seinen politischen und literarischen Unerträglichkeiten, die für die Umsetzung in ein anderes Medium gerade zum Vorteil werden können, eine gut gebaute, spannende, aufregende Geschichte, fast schon wie für den Film geschrieben. Das ist spannende Unterhaltung, das heißt Unterhaltung, die unterhält und spannend ist und nicht langweilt und nicht verdummt und nicht bestätigt, die in Frage stellt und Fragen provoziert, die im scheinbar Abgesicherten das »scheinbar« transparent zu machen fähig ist, die dennoch Spaß macht, Freude, und nicht zuletzt dem, der den Spaß hat, Brüche und falsche Klebestellen in der eigenen Wirklichkeit zu entdecken, Lust macht, ein paar Widersprüche zu erkennen, aus denen unsere Wirklichkeit besteht.

März 1977

Der deutsche Film wird reicher

Ein paar Gedanken über einen schönen Film
(»Jane bleibt Jane« von Walter Bockmayer)

Im Aufarbeiten der Probleme unterprivilegierter Randgruppen stießen die Künstler eines Tages auf »den alten Menschen«: Wie sich herausgestellt hat, zum Glück und Vorteil der Macher selbst. Es enthebt sie der gefährlichen Beschäftigung mit Homosexuellen, Juden, Kommunisten (echten), Arbeitern, Frauen/Kindern, vielem anderen, das ernst zu nehmen wenig Freude macht im deutschen Kulturbetrieb, der es immer entschiedener geschafft hat, Angst zu machen, der eine Situation geschaffen hat, die Ängste so subtil erhärtet, daß fast jeder kreativ Tätige sich in eine Art innerer Emigration bei gleichzeitiger innerer Zensur geflüchtet hat. Viele sind jetzt bereits so weit, daß sie die Ergebnisse dieser mit sensibler Brutalität gesteuerten Selbstzensur tatsächlich für das eigentlich Gewollte halten. Aber das ist ein weites Feld. Und manchen bleiben die Probleme der Alten, mangelnden Mut ist denen also nicht vorzuwerfen, zeigen sie doch eine Gesellschaft, die ihre alten Menschen benachteiligt, und so einer Gesellschaft hat mans doch gezeigt, wenn man der das gezeigt hat, nicht wahr?
Nicht wahr! Seit es »Jane bleibt Jane« von Walter Bockmayer gibt, kann man verstehen, warum der Kulturbetrieb so freundlich auf all die Theaterstücke, Fernsehspiele und Filme über alte Menschen reagiert hat. All diese Werke, bei sicherlich unterschiedlicher Qualität, bestätigen das System, das sie zu kritisieren vorgeben; eine Art von systemimmanenter Kritik ist entwickelt worden von deutschen Künstlern, die traurig macht und Angst. Das Ende wird eine tote deutsche Kunst sein, die nichts mehr als sich selbst zu bemerken in der Lage sein wird. Die wenigen, die wach zu bleiben versuchen, müssen damit rechnen, daß ihnen über kurz oder lang voll in die Fresse geschlagen

wird. Die da schlagen werden, rechnen, wohl zu Recht, damit, daß die Geschlagenen, geschlagen, mit goldenen Zähnen Lieder singen werden, die von Liebe singen. Für den allerletzten Rest, diesen oder jenen, der sich selbst zu belügen verweigert, hat unsere Gesellschaft das eine oder andere Mittelchen parat, Drogen zum Beispiel oder das Ausland, und dann kann man sich ja auch noch selbst umbringen. Es wird Ruhe herrschen im Land.

In diese Situation hinein hat Walter Bockmayer mit »Jane bleibt Jane« einen revolutionären Film gemacht. Was daran Naivität sein mag, spielt keine Rolle, das »Revolutionäre« mit dem intellektuellen Unterbau ist in der Kunst eben meist nicht mehr revolutionär, sondern wegen seiner Institutionsgläubigkeit eher konterrevolutionär. Wie könnte sonst beispielsweise das Theater, das sich einerseits am entschiedensten und perfektesten an Marxschen Gedanken orientiert, andererseits die Bedürfnisse und Normen des bürgerlichen Theaters am »glücklichsten« erfüllen?

Bockmayer dagegen hat sich nicht abgesichert, womöglich kannte er nicht einmal Statistiken über Altersheime oder die soziologische Struktur der Zusammensetzung ihrer Insassen, als er seinen Film über das Alter machte, das heißt, eigentlich ist »Jane bleibt Jane« im Grunde gar kein Film über das Alter, sondern ein Film mit der Angst eines mit einer großen spezifischen Sensibilität begabten Künstlers vor dem Alter. Als Ergebnis setzt dieser Film kein wohlfeiles Mitleid frei, keine kurzen Gedanken wie »da müsse man doch eigentlich«, kein folgenloses Augenzwinkern wird provoziert zwischen den achtzig Prozent Kinogängern, die zwischen zwanzig und dreißig sind (das ist statistisch, ich weiß), und den listigen alten Helden, keine Lebenshilfe wird vorgetäuscht, keine armen, liebenswerten Alten werden ausgebeutet mit offenem, ehrlichem Dackelblick nach öffentlichen Geldern – »Jane bleibt Jane« macht die Angst derer, die ihn machten, vor dem Alter erfahrbar, spürbar, endgültig.

Aber keine Wehmut öffnet das Herz so weit, bis das Hirn keine Luft mehr bekommt und erstickt. Keine von den beliebten beliebigen Traurigkeiten macht die berühmten Tränen, derer man sich nicht zu schämen braucht, kein Ausweichen vor der Wut darüber wird gestattet, daß wir in einer Gesellschaft leben, die uns Angst haben läßt vor dem Altwerden. Gezwungen wird man, die Dinge weiterzudenken. Gezwungen wird man zu denken, kann wirklich Angst vor dem Altsein sein in uns ohne Angst vor dem Sein heute und morgen? Bis hin zu der Frage befreit der Film, warum ist soviel Angst in uns, und wem nützt sie, und muß das so sein, und sollten wir nicht vielleicht doch noch einmal nachdenken darüber, was wir wie und wie schnell und mit welchen Mitteln zu verändern haben?

»Jane bleibt Jane« ist in vieler Hinsicht ein beispielhafter Film. Hergestellt mit den Mitteln der wunderbaren Abteilung »Kamerafilm« beim Zweiten Deutschen Fernsehen, wo Filmemacher gerade so viel Geld zum Arbeiten erhalten, daß sie sich in der moralischen Verpflichtung befinden, etwas Spielfilmartiges abzuliefern, was sie meist zuletzt auf einem Schuldenberg erwachen läßt, der sie (und ich wage es noch mal zu schreiben) ängstlich und damit manipulierbar und ungefährlich macht. Bockmayer hat es geschafft, weniger Schulden zu machen als manch anderer. Und er hat, wiederum ganz anders als die meisten, nicht versucht, die Armut seiner Produktionsbedingungen zu verheimlichen. Immer wieder gibt der Film den Blick frei auf den finanziellen Hohn des Senders, der sich am Ende auch noch rühmen darf, überhaupt etwas möglich gemacht zu haben, so ist das. Bockmayer verheimlicht auch nicht seine eigenen Grenzen, gibt da, wo er noch lernen muß, zu, daß er noch lernen muß.

So entsteht durch eingestandene Armut, durch nicht wie üblich geschickt überspielte (vorläufige) inszenatorische Grenzen des Regisseurs ein Reichtum, der im deutschen Kino selten ist. Ein Reichtum, der helfen kann, Gelittenes als Leid zu formulieren und die Köpfe frei zu machen.

April 1977

In einem Jahr mit dreizehn Monden

1. 1978, ein Jahr

Der Film »In einem Jahr mit dreizehn Monden« wird von den Begegnungen eines Menschen während der letzten fünf Tage seines Lebens erzählen und versuchen, anhand dieser Begegnungen herauszufinden, ob die Entscheidung dieses Menschen, dem letzten dieser Tage, dem fünften also, keinen weiteren folgen zu lassen, abzulehnen, zu verstehen wenigstens oder vielleicht gar akzeptierbar ist.

Der Film spielt in Frankfurt, einer Stadt, deren spezifische Struktur Biographien wie die folgende fast herausfordert, zumindest aber nicht als besonders ungewöhnlich erscheinen läßt. Frankfurt ist kein Ort des freundlichen Mittelmaßes, der Egalisierung von Gegensätzen, nicht friedlich, nicht modisch, nett, Frankfurt ist eine Stadt, wo man an jeder Straßenecke, überall und ständig den allgemeinen gesellschaftlichen Widersprüchen begegnet zumindest, wenn man nicht gleich über sie stolpert, den Widersprüchen, an deren Verschleierung sonst allerorten recht erfolgreich gearbeitet wird.

2. Eine Biographie

Irgendwann, während des Zweiten Weltkrieges, bekommt Anita Weishaupt einen Sohn. Frau Weishaupt ist verheiratet, hat bereits zwei Kinder mit ihrem Mann, aber das dritte Kind kommt auf die Welt, da ist der Mann der Anita Weishaupt seit zwei Jahren nicht bei ihr gewesen, man weiß nichts von ihm, ob er tot oder in Gefangenschaft geraten ist, nichts. Was auch immer mit ihrem Mann geschehen sein mag, eines weiß Anita Weishaupt, dieses dritte Kind, zwar von einer verheirateten Frau zur Welt gebracht, ist dennoch ein uneheliches Kind, würde im Fall der Rückkehr ihres Mannes ihre Ehe zerbrechen lassen. Aber Anita Weishaupt muß so weit gar nicht denken, denn ganz unabhängig vom Schicksal ihres Mannes würde dieses Kind die Existenz beeinträchtigen, da sie sich ökonomisch in äußerster Abhängigkeit zu den Eltern ihres Mannes befindet, denen dieses Kind den langersehnten Anlaß böte, sich von Anita reinen Gewissens zu distanzieren. Anita Weishaupt, ein Mensch, der von übermäßig großen Existenzängsten belastet war, brachte ihr drittes Kind deshalb heimlich zur Welt und gab es kurz nach der Geburt in ein Waisenhaus. Da die Menschen zu dieser Zeit den Kopf schon voll hatten mit Krieg, Angst und Zerstörung, gelang Anita Weishaupt tatsächlich die Durchführung ihres Planes ganz ohne irgendwelche Komplikationen, und sie verließ das katholische Waisenhaus, wo sie ihren Sohn abgegeben hatte, mit keinem Gefühl als dem einer großen Erleichterung. Da war keine Sorge um das Kind, kein wenigstens verunsichertes Gewissen, keine Trauer, kein Zorn, etwas hergegeben haben zu müssen, das doch etwas wie ein Teil seiner selbst ist. So groß kann Angst sein, die ein Mensch hat unter anderen Menschen. Anita Weishaupt vergaß dieses Kind, sie hatte wohl keine andere Chance. Jahre später, als sie einmal daran erinnert wurde, daß es da noch etwas gab, etwas, das ein Mensch war, einfach vielleicht ein Recht darauf hätte, auf sie, ein Recht zumindest auf eine andere klitzekleine Chance, wenn sie selbst nicht die nötige Kraft hätte, da verrät sie das Kind, um sich selbst nicht verraten zu müssen.

Anita Weishaupt hatte keine Chance, sich in ihrer Welt zu behaupten, wie hätte sie da einem anderen Wesen eine Chance geben können? Ihr Sohn sollte Erwin heißen, hatte sie schon den Schwestern gesagt, und eine Erklärung unterschrieb sie, das Kind sei zur Adoption freigegeben. Das Kind wurde also Erwin getauft, und die Schwestern hatten es gern, denn es war ein sehr leises Kind, das war angenehm, das nannten sie brav und steckten ihm deshalb auch in den ganz schlimmen Tagen bei Kriegsende und in den drei Jahren danach immer genug zu, daß es satt war, lieber zuviel als zuwenig. Das mußten sie heimlich tun, denn für alle Kinder war selten genug da, satt zu werden. Besonders imponierte den Schwestern, wie still und, wie sie fanden, gottergeben Erwin die üblichen Kinderkrankheiten überstand; so verwundert es nicht, daß bald alle die Schwestern im Waisenhaus zu Erwin so etwas wie mütterliche Gefühle entwickelten. Diese Gefühle können für den, den sie treffen, leicht zur Belastung werden, zumal natürlich jede dieser »Ersatzmütter« bei Erwin die beliebteste sein wollte. So lernte Erwin zu lügen, denn er hatte bald herausgefunden, daß es ihm besser ging, wenn er den Schwestern das sagte, was sie hören wollten. Erwin baute zudem ein System von verschiedenen Verhaltensweisen auf, denn auch das hatte er schnell gelernt, daß jede dieser Mütter eine etwas andere Vorstellung von ihrem Kind hatte, die es zu erfüllen galt. Da Erwin extrem intelligent und äußerst geschickt war, merkte außer einer Schwester, die ihn wirklich lieb hatte, Schwester Gudrun, niemand, wie aus dem leisen, braven Kind ein verschlossenes, trauriges Kind wurde, ein Kind zudem, das sich in ständigem Streß befand, um das weiter zu bekommen, das es für Liebe halten mußte.

Als Erwin alt genug war, kam er in die Schule. Ohne besonders ehrgeizig zu sein, war er ein guter Schüler, während der ersten anderthalb Jahre. Dann geschah etwas, das Erwins Leben entscheidend ändern sollte. Immer häufiger kamen ältere Paare, meist an Sonntagnachmittagen, ins Heim, gingen herum, schauten Erwin und seine Mitschüler so genau an, daß Erwin die Blicke manchmal nicht mehr ertragen konnte und weglief. Und dennoch mußte etwas Gutes sein an diesen Menschen, denn der eine oder andere von Erwins Freunden war plötzlich verschwunden, und Schwester Gudrun erklärte ihm, die hätten Eltern gefunden, die, die weg waren. Und Eltern, hat Schwester Gudrun ihm erklärt, das wäre etwas Schönes, es wäre so schön für ein Kind, Eltern zu haben, weil Eltern versuchen, da zu sein für ihr Kind, diesem zu helfen, es zu lieben und ihm das Mögliche möglich zu machen. Von da an lief Erwin nicht mehr weg an den Sonntagnachmittagen, wenn er angeschaut wurde, im Gegenteil, er schaute aufmerksam zurück, denn die Eltern sollten nicht nur da sein für ihn, er wollte auch da sein für seine

Eltern, wollte sie lieb haben. Erwin wollte nicht nur was haben, er wollte auch geben, und das vielleicht sogar mehr. Jetzt ging alles ganz schnell, Erwin fand seine Eltern, und die fanden ihn. Sie hießen Weber, am Stadtrand gehörte ihnen ein Häuschen, das war nicht sehr groß, aber für Erwin bedeutet das alles fast mehr als Freiheit, so etwa hatte er sich den Himmel vorgestellt. Er brauchte nicht mehr zu lügen, keine Rollen zu spielen, um gemocht zu werden. Die Webers wußten etwas Wichtiges, sie wußten und waren zufrieden, daß ein jeder Fehler hat, jeder. Und diese Fehler, die sollte ihr Sohn haben dürfen, er sollte sich nicht verstellen müssen. Die Webers wurden sich miteinander einig, und sie wurden sich mit Erwin einig, da war etwas, das man vielleicht Vertrauen nennen könnte zwischen den dreien. Vertrauen und Geduld. Die Webers also entschlossen sich, das Kind zu adoptieren, nachdem sie mehr darüber nachgedacht hatten, als das im allgemeinen üblich zu sein scheint. Nun ging es nur noch um Formalitäten. Frau Anita Weishaupt hatte zwar ihren Sohn formal zur Adoption freigegeben, aber das war während des Krieges, vieles war damals anders gewesen, und vielleicht hatte sich auch die Meinung der Anita Weishaupt geändert inzwischen.

Schwester Gudrun übernahm die Aufgabe, Erwins Mutter aufzusuchen, um mit ihr über die Zukunft ihres Kindes zu sprechen.

Sie fand Frau Weishaupt in einer ziemlich großen und schönen Wohnung. In der Wohnung gab es mittlerweile 4 Kinder, und Anita Weishaupt war wieder hochschwanger. Schon als Anita Weishaupt die Tür öffnete und Schwester Gudrun sah, kam etwas wie Entsetzen in ihr Gesicht, und sie versuchte, Schwester Gudrun schon an der Tür abzuwimmeln, indem sie behauptete, ganz und gar nichts von einem Kind namens Erwin zu wissen. Schwester Gudrun aber blieb stur, obwohl sie spürte, daß diese Frau es tatsächlich geschafft zu haben schien, ihr eigenes Kind zu vergessen, aber gerade weil die Schwester das so schrecklich und unmenschlich fand, tat ihr diese Frau leid, dennoch konnte sie ihr dieses Gespräch nicht ersparen. So ließ Anita Weishaupt die Schwester in die Wohnung, schloß ängstlich die Türen zu den Zimmern, in denen die anderen Kinder waren, und zog

Schwester Gudrun in das Wohnzimmer, wo sie schnell die Tür hinter sich schloß und sich dagegenlehnte, als wollte sie sich gegen jemanden, der hereinkommen könnte, stemmen. Dann sprach sie schnell, abgehackt, fast so, als hätte sie keinen Atem, erklärte der Schwester, ihr Mann sei zurück aus der Kriegsgefangenschaft und dürfe nie von dem Kind erfahren, das gäbe eine Katastrophe, das würde ihr Leben, das der vier anderen Kinder und das, das bald auf die Welt käme, zerstören. Schwester Gudrun nickte und erklärte, warum sie gekommen sei, es ginge um die Adoption des Kindes Erwin. Da schüttelte Anita Weishaupt heftig den Kopf und sagte, daß sie doch seinerzeit unterschrieben habe, daß sie Erwin freigebe zur Adoption. Schwester Gudrun sagte darauf, daß man es als eine Pflicht empfunden habe, der Mutter noch einmal die Chance zu geben, sich vielleicht doch noch für ihr Kind zu entscheiden. Da begann Anita Weishaupt heftig zu weinen und schluchzte und sagte immer wieder nein, nein, nein. Da begann Schwester Gudrun etwas Schlimmes zu ahnen, so fragte sie, ob Anita Weishaupt denn schon damals, als Erwin geboren wurde, verheiratet gewesen sei. Darauf nickte Anita Weishaupt, und Schwester Gudrun setzte sich plötzlich ganz hilflos auf einen Stuhl und sagte ganz leise, aber doch sehr klar, daß in dem Fall auch der Vater, Anitas Mann, die Erklärung, daß der Sohn Erwin zur Adoption freigegeben sei, mit unterschreiben müsse. Da stockte Anita Weishaupt der Atem, sie schaute lange zu Schwester Gudrun und schüttelte dann ganz langsam den Kopf und sagte dann, daß unter diesen Umständen eine Adoption des Kindes Erwin niemals möglich sein würde. Schwester Gudrun zuckte traurig mit den Achseln, stand auf, überlegte noch einen Moment, ob sie versuchen sollte, Anita Weishaupt vielleicht doch noch umzustimmen, aber sie entschied sehr schnell bei sich, daß es sinnlos sein würde. Da ging sie, jetzt stumpfer Schmerz, aus der Wohnung, und als sie auf der Straße war, mußte sie sehr weinen.

Die Webers besuchten Erwin nun nicht mehr, und Erwin durfte auch nicht mehr zu ihnen, wie in den Wochen zuvor. Zuerst dachte er sich nichts und wartete, dann wurde ihm von ganz alleine klar, daß er umsonst wartete, aber obwohl er es versuchte, gelang es ihm nicht, die Webers zu vergessen. Irgend etwas hatte er mit ihnen empfunden, das wollte aus seinem Körper nicht raus. Da fing er an zu denken, aber so sehr er auch versuchte, jede Sekunde zu rekonstruieren, die er mit den Webers verbracht hatte, um herauszufinden, welchen Fehler er vielleicht gemacht haben könnte, es gelang ihm nicht, Klarheit in seinem Kopf zu schaffen. Da begann er zu fiebern. Der Arzt kam und konnte sich diese Art Fieber nicht erklären. So stieg das Fieber, stieg so hoch, daß der Junge tagelang in Lebensgefahr war. Die Ärzte aber konnten sich das Phänomen noch immer nicht erklären und gaben das Kind eines Tages auf. Da setzte sich Schwester Gudrun ans Bett des fiebernden Kindes und, obgleich sie nicht wußte, ob Erwin sie hören konnte oder nicht und ob es helfen würde oder nicht, erzählte sie dem Jungen die ganze Geschichte von seiner Mutter und warum die Webers nicht mehr kommen würden, und Schwester Gudrun versuchte, auch wenn es ihr schwerfiel, Erwins Mutter gegenüber, soweit es ihr möglich war, gerecht zu sein. Der Junge zeigte keine Reaktion auf die Geschichte, die Schwester Gudrun ihm erzählte, aber von da ab sank das Fieber wie durch ein Wunder, und Erwin wurde wieder ganz gesund.

Niemand, der ihm begegnete, konnte bemerken, daß irgendwo unter seiner Schädeldecke das Fieber nicht aufgehört hatte zu brennen. Trotzdem war der Junge nach außen verändert. Er wurde ein schlechter Schüler, brachte das System, das er sich den Schwestern gegenüber aufgebaut hatte, manchmal wie mutwillig durcheinander, so daß keiner der Menschen, die mit ihm umgingen, wie früher das Gefühl haben konnte, es mit einem braven Kind zu tun zu haben. Erwin erschien ihnen unberechenbar, und unberechenbare Kinder mochten die Schwestern nicht. Vor unberechenbaren Kindern hatten sie eher Furcht. Zudem begann Erwin eines Tages zu stehlen; aber immer stahl er Dinge, die er ohnehin leicht hätte bekommen können, so daß niemand in seiner Welt weiterhin wirklich etwas mit ihm zu tun haben wollte, bis auf Schwester Gudrun, zu der Erwin als einzigem Menschen so etwas wie ein Vertrauensverhältnis aufbaute. Ein Vertrauensverhältnis, das unter vielem anderen der Schwester ermöglichte, etwas sehr Wichtiges herauszufinden, nämlich, daß Erwin, zumindest bewußt, nichts mehr von dem im Kopf hatte, was sie ihm von seiner Mutter und den Dingen, die damit zu tun hatten, erzählte. Dennoch sprach Erwin nie wieder von den Webers und stellte auch keine Fragen.

In der Schule fand Erwin nie wieder zu dem Interesse und der Aufmerksamkeit zurück, die ihn vorher zu einem guten Schüler hatten werden lassen, ganz im Gegenteil, Erwin schien sich fast trotzig gegen jede neue Erfahrung zu wehren, so daß auch hier immer wieder Situationen entstanden, wo wieder Schwester Gudrun mit großer Zähigkeit, gegen den Willen aller anderen Schwestern, verhinderte, daß Erwin in eine Sonderschule geschickt wurde. Ihr zuliebe, so schien es, gab Erwin sich in der Schule dann auch wenigstens so viel Mühe, daß er den Volksschulabschluß so gerade mit Ach und Krach schaffte.

Dann aber, als er und die anderen seines Jahrgangs nach ihren Berufswünschen gefragt wurden, denn es sollten für jeden rechtzeitig Lehrstellen gefunden werden, war Schwester Gudrun krank. So war der einzige Mensch, dem der junge Erwin wichtig genug gewesen wäre, daß er sich über die Norm hinweg für ihn einsetzte, nicht da. Dieser übergroße Einsatz aber wäre nötig gewesen, Erwins Wunsch, Goldschmied zu werden, zu erfüllen, denn im Gegensatz zu Bäcker-, Maurer- oder Gärtnerlehrstellen, die angeboten werden, muß man eine Goldschmiedlehre suchen, muß unter Umständen sogar einen Meister, der gar nicht vorhatte, einen Lehrling zur Ausbildung zu übernehmen, gerade dazu überreden. Natürlich geschah nichts dergleichen, im Gegenteil, die Schwestern steckten Erwin, und das sah fast schon so aus, als hätten sie dem Jungen gegenüber Grund zu etwas wie Rache, zu einem Metzger und erklärten ihm, diese Lehrstelle wäre die einzige, die man für ihn hätte finden können, nach dem Notendurchschnitt, den er bei Schulschluß vorzuweisen hatte.

Da Erwin einerseits nicht genug wußte vom Leben und andererseits nicht gelernt hatte, offen zu kämpfen, nahm er die Entscheidung ganz ohne Gegenwehr an und trat kurz darauf seine Lehre bei einem Metzgermeister namens Wünsch an. Metzger Wünsch bekam seine Lehrlinge seit jeher aus dem Waisenhaus, und seit jeher wohnten diese in einer kleinen Kammer über dem Geschäft. Meister Wünsch hatte gute Erfahrungen mit Lehrlingen aus dem Waisenhaus gemacht. Im Gegensatz zu Jungen, die aus einer Familie kamen, waren die aus dem Waisenhaus schon für ein kleines bißchen Zuspruch so dankbar, daß sie bereit waren, sehr oft sehr viel länger zu arbeiten, als sie das gemußt hätten, waren weitaus einfacher zu handhaben, da sie nur wenig gelernt hatten, sich zu wehren, waren zudem meist treu und blieben auch als Geselle der Metzgerei Wünsch noch lange Zeit als günstige Arbeitskraft erhalten.

Der Meister Wünsch war kein besonders gütiger Arbeitgeber, dafür war er auch nicht besonders hart oder böse. Er war zudem nicht besonders daran interessiert, seinen Lehrlingen recht viel beizubringen, vielmehr war er an deren Arbeitskraft interessiert. Aber gerade das war eine Haltung, die Erwin entgegenkam und ihm die Lehrzeit erleichterte, eben weil er diesen Beruf an sich gar nicht hatte lernen wollen.

Die Kammer über dem Geschäft, in der er wohnte, war zwar klein, meist auch kalt, aber Erwin wohnte zum ersten Mal allein in einem Zimmer. So kam ihm diese Kammer erst einmal lange Zeit wie ein Paradies vor. Die Zeit seiner Lehre verlief im großen und ganzen ohne besondere Ereignisse. Für Erwin kamen die Tage, wie sie gingen. Das einzige, worunter er manchmal zu leiden hatte, die Launen der Frau seines Meisters, die meist über die Maßen freundlich, fast zu freundlich, und dann ganz plötzlich und ohne Grund häßlich und verletzend war. Aber auch damit lernte Erwin über kurz oder lang sich abzufinden.

Die Wünschs hatten eine Tochter in Erwins Alter, sie hieß Irene und ging ins Gymnasium. Als Erwin seine Lehre antrat, war Irene eher schnippisch zu ihm und versuchte, ihm Streiche zu spielen, während Erwin irgendwann einmal einen Traum hatte, in dem er dieses Mädchen sehr liebte, und als er nach dieser Nacht und Traum aufwachte, glaubte er weiter an diese Liebe. Er versuchte über die Jahre, Irene immer wieder Zeichen seiner Sympathie zu geben, versuchte, ihr kleine Geschenke zu machen, Geschenke, in die Erwin oft fast alles investierte, was er besaß. Dennoch dauerte es gut 3 Jahre, bis Irene ihr spezifisches Verhalten, das sie Erwin gegenüber entwickelt hatte und das eine Mischung aus Zickigkeit und Hochmut war, zu überwinden und in dem Lehrling ihres Vaters nicht mehr nur den Lehrling, sondern auch, wenn nicht den Menschen, so doch den Mann zu sehen. Irene ging jetzt zuweilen mit Erwin aus, manchmal zum Essen, zum Tanzen hin und wieder. Sie stellten fest, daß sie es schwer hatten, miteinander zu reden, eine gemeinsame Sprache zu finden, und vielleicht war es gerade das, das die Beziehung zwischen den beiden größer und wichtiger werden ließ, als dies eigentlich möglich ist.

Im Jahre 1960, und das muß gewiß ein Zufall gewesen sein, machten beide fast zur selben Zeit ihre entscheidenden Prüfungen. Irene das Abitur, Erwin die Gesellenprüfung. Beide haben sie bestanden und feierten auch dementsprechend.

Irene wollte für das glänzend bestandene Abitur nur ein Geschenk von ihren Eltern, ein einziges, sie wollte eine eigene Wohnung haben. Aber dieser Wunsch wurde ihr nicht gestattet. In erster Linie war es der Vater, der seine Tochter weiter bei sich haben wollte. Mag sein, er hat sie geliebt, mag sein, er traute in Erziehungsfragen niemandem außer sich selbst. Irene war von der Haltung ihres Vaters verletzt.

Zuerst sah sie die Sache auf eine gefährliche, fatalistische Art, dann lieh Erwin sich ein Motorrad und fuhr mit Irene durch gottverlassene Gegenden in Frankfurt herum. Diese Fahrt auf dem Motorrad muß auf Irene sehr viel Eindruck gemacht haben. Sie muß auf dieser Fahrt etwas empfunden haben, das sein könnte eine Mischung aus Ahnung, was das ist, Freiheit, und daß es möglich ist, sich frei zu fühlen, es in gewissem Maße auch zu sein und trotzdem einen Partner zu haben, der einem, ohne wirklich etwas zu besitzen, das Gefühl von Geborgenheit gab, eine Art Geborgenheit, die absolut frei ist von Zwängen.

An einem der darauffolgenden Tage, Irene hatte wieder eine große, und wie es schien, abschließende Aussprache mit ihrem Vater hinter sich gebracht, da schliefen die beiden zusammen. Schon vom ersten Mal wurde Irene schwanger, und als ein Doktor ihr eine Gewißheit in diesem Fall gab, dachte sie keinen Moment an eine Abtreibung etwa, aber sie dachte auch nicht daran, in einem so frühen Stadium der Schwangerschaft ihren Eltern davon zu erzählen.

Erwin, der in den drei Jahren, in denen er Irene von der fernsten Ferne geliebt hatte, während dieser Zeit eine Beziehung zu seinem Körper fand, verstand, daß dieser Körper in der Lage war, ihm Lust zu geben und diese Lust mit Spaß zu befriedigen. Erwin onanierte in dieser Zeit häufig, und das tat er ganz und gar ohne ein Gefühl der Scham etwa. Lediglich die merkwürdigen Gedanken, die ihm dabei kamen, beunruhigten ihn etwas. Es waren Gedanken, über die er keine Kontrolle mehr hatte, Gedanken und Bilder, die, ohne daß er sie hätte beeinflussen können, kamen und gingen. So kam es auch, daß er irgendwann dachte, solange er noch fremdartige Bilder sehen würde, während er seine Lust befriedigte, und Gedanken in seinem Kopf, die sich wie von selber dachten, daß diese Lust und ihre Befriedigung noch nicht die maximale Absolutheit haben könne. Da wurde ihm die Vorstellung davon, diesen Spaß gemeinsam mit Irene zu erleben, dringlicher und dringlicher und zuletzt übermächtig.

Irene ihrerseits wußte zwar, daß es so etwas geben würde wie Lust und Befriedigung, aber da war nur Theorie bei Irene und Angst davor, daß ihre Vorstellung irgendwann auch Realität werden könnte. Dann aber, als sie die Schule hinter sich gebracht hatte und die Freiheit, nach der sie sich so sehnte, von den Eltern verboten wurde, da zwang sie sich, die Angst vor der wirklichen Lust und deren Befriedigung zu beenden. So kam es, daß sie mit Erwin schlief, schwanger wurde von ihm und das Kind sich nie wollte wegmachen lassen.

Dann, als genügend Zeit vergangen war und ein jetziger Eingriff nicht mehr möglich war, trumpfte sie vor ihren Eltern mit dem Kind, das sie kriegen würde, auf und entschied, ohne vorher darüber wirklich nachgedacht zu haben, daß sie Erwin jetzt heiraten würde. Ihre Eltern reagierten mit Zorn und Entsetzen, aber je mehr sie gegen diese Verbindung anzugehen versuchten, um so entschiedener blieb Irene bei ihrer Entscheidung. So kam es, daß die beiden eines Tages wirklich heirateten, sie waren jetzt 18 und wollten von nun an selbst über ihr Leben entscheiden.

Nun, nachdem es nicht mehr zu ändern war, fanden sich ihre Eltern mit all dem ab und unterstützten sie dabei, eine kleine

Wohnung zu finden, diese Wohnung einzurichten, daß sie sich dort wohl fühlen konnten, denn gerade diese Kleinigkeiten waren so entscheidend und wichtig für Irene, das zu ertragen, wozu sie sich entschlossen hatte, denn eines wußte sie genau, diesen Jungen, der Erwin hieß, mochte sie zwar, aber sie liebte ihn nicht. Eines Tages, viel später, sogar zu spät war es bereits, sie war eben ganz einfach nicht wirklich mutig gewesen.

Irene bekam ihre Tochter, sie sollte Marie-Ann heißen. Das hatten die beiden schon vorher entschieden, und während der Tage, die Irene nach der Geburt noch im Krankenhaus zubrachte, da geschah etwas für Erwin grundlegend Entscheidendes. Es fing ganz harmlos an, Erwin traf einen ehemaligen Klassenkameraden, der lud ihn auf ein Bier ein in seine Stammkneipe. Erwin hatte zwar keine große Lust und ging zuletzt dennoch mit.

Als sie die Kneipe betraten, da schien ganz plötzlich für Erwin in Bruchteilen von Sekunden oder aber Ewigkeiten die Welt stillzustehen, etwas geschah mit ihm, das überfiel ihn so plötzlich und schrecklich, daß er beinahe vergessen hätte weiterzuatmen. Objektiv gesehen passierte natürlich eigentlich gar nichts. Zwei junge Männer betraten ein Lokal, das halbvoll war, mit zwar einigermaßen merkwürdigen Menschen, aber diese Menschen waren so merkwürdig auch wieder nicht, daß sie bei Erwin etwas hätten herauslesen können, für das er, falls man ihn gefragt hätte, keine Worte gefunden hätte. Es war nichts, als daß unter den Gästen des Lokals einer saß, der hieß Anton Seitz und der schaute zur Tür, als Erwin mit seinem Freund hereinkam. Ihre Blicke trafen sich, und das eine zumindest wußte Erwin ganz sicher, dieser Mensch, dem er da in die Augen sah, der würde einen entscheidenden Platz in seinem Leben einnehmen. Dieser Anton Seitz winkte die beiden zu sich an den Tisch und begrüßte Erwins Freund, und der Freund wiederum stellte die beiden gegenseitig vor. So saßen sie an einem Tisch, und es geschah gar nichts. Dann irgendwann, wie das so üblich ist, kam das Gespräch darauf, was jeder von ihnen so tat im Leben, und als Erwin erzählte, daß er Metzger sei, in einer Metzgerei arbeiten würde, da schien dieser Anton Seitz sich für einige Sekunden etwas intensiver für Erwin zu interessieren, aber das hätte auch genausogut nichts weiter als ein Trugschluß Erwins gewesen sein können.

Recht plötzlich stand Anton Seitz auf, sagte, er sei in Eile, gab Erwin die Hand und sagte ganz schnell, sie könnten sich am nächsten Tag in irgendeiner anderen Kneipe treffen, vielleicht um 6 Uhr abends, wenn Erwin Zeit hätte, Zeit und Lust, sich mal näher mit Anton zu unterhalten.

Nachdem Anton das Lokal verlassen hatte, wirkte der ganze Raum für Erwin plötzlich so öde und trist, und bald ging auch er nach Hause. Aber schon bald merkte Erwin, daß dieser Anton Seitz, und ganz und gar, welche Mühe er sich gab, nicht aus seinem Kopf wollte. Zuletzt gestand er sich sogar ein, daß er auf nichts im Leben, an das er sich erinnern könnte, je sich nach etwas so sehr gesehnt hatte, wie auf den nächsten Tag und die 6-Uhr-Stunde an diesem Tag.

Am Morgen ging Erwin, wie immer, in sein Geschäft und machte die notwendigen Einkäufe, arbeitete dann im Schlachthaus. Schon früher hatte Erwin eine große Fähigkeit entwickelt, sich von dem, der da mit Fleisch arbeitet, zu entfernen und irgendwo, und wo genau das war, wußte er selbst nicht, mit anderen Dingen beschäftigt, glücklich zu sein. Auch an diesem Tag ging das von ihm, was er als sich empfand, weit weg, während sein Körper damit beschäftigt war, Filets vom Rind zu schneiden. Aber heute, das war nie vorher geschehen, hatte er sich wohl zu weit entfernt, so weit, daß er gar keine Kontrolle mehr über seinen Körper hatte und sich so ganz logisch mit dem großen, sehr scharfen Messer, mit dem er arbeitete, tief in einen Finger schnitt. Durch den plötzlichen Schmerz kam er wieder zurück, sah, daß der eine Finger fast nur noch an einer Seite hing und daß es blutete, wie er noch nie zuvor jemanden hatte bluten sehen. Erwin schaffte es gerade noch, sich so zu konzentrieren, daß er nicht einfach umfiel. Dann zeigte er die Wunde stumm der Frau des Meisters, die sich zuerst angewidert wegdrehte, dann aber sofort zum Telefon ging und einen Rettungswagen kommen ließ. Im Krankenhaus dann hieß es, es stünde auf Messersschneide, ob der Finger zu retten sei oder ob er amputiert werden müsse. Erwin hatte Glück, sein Finger wurde genäht und konnte so gerettet werden.

Pünktlich um 6 Uhr, die Hand dick verbunden, saß Erwin in der Kneipe, die Anton ihm genannt hatte, und wartete. Irgend etwas, und dieses irgend etwas schien Erwins Glück zu sein, schnürte ihm fast die Kehle zu. Er blickte jede Sekunde auf die Uhr, schaute ständig zur Tür, wurde immer nervöser, es wurde 6.15 Uhr, 6.30 Uhr, ganz plötzlich überfiel ihn etwas, das war wie eine große innere Leere. Diese Leere quälte ihn sehr, und sie quälte ihn um so mehr, als er das, was da gerade mit ihm geschah, welche Versuche er auch immer anstellte, es herauszufinden, einfach nicht begriff. Dann plötzlich ging die Tür auf und Anton kam herein. Als Erwin ihn sah, ging durch seinen ganzen Körper ein merkwürdiges Zittern, das er nie vorher empfunden hatte. Da war keine Leere mehr, da war plötzlich ein Gefühl, von dem Erwin nur nicht wußte, daß das, was ihn da plötzlich erfüllte, das Glück war. Anton kam an Erwins Tisch, Erwin stand auf, gab ihm die Hand, und dabei wurde er ganz rot wie ein Backfisch, aber das merkte er nicht, und er merkte auch nicht, daß er jetzt stotterte, er merkte gar nichts, keine Einzelheiten, er wußte nur, daß er hier war und daß er nicht nur gerne hier war, sondern daß, zumindest bewußt zum ersten Mal in seinem Leben, die Frage, warum er überhaupt da wäre und leben müsse auf dieser Erde, sich nicht mehr stellte. Es genügte ihm, da zu sein, und dieses Dasein schien plötzlich keinen Sinn mehr zu brauchen, über seine Existenz hinaus. Anton setzte sich und sprach von Fleisch. Anton sprach viel, stellte wohl irgendwelche Theorien auf, aber Erwin hörte ihm nicht wirklich zu. Es fiel ihm nur auf, daß er plötzlich Versprechungen machte, Dinge zu tun, die zumindest verboten, vielleicht sogar gefährlich sein würden. Aber erstens hätte er diesem Menschen ohnehin nichts abschlagen können, und zweitens waren ihm die möglichen Konsequenzen zwar durchaus bewußt, aber all das interessierte ihn merkwürdigerweise nicht.

So machte Erwin über fast 2 Jahre verbotene Geschäfte mit Anton, um deren Gefährlichkeit er zwar wußte, was ihm aber in keiner Weise Angst machte.

Während dieser Zeit führte er seine Ehe mit Irene, mit der Tochter Marie-Ann, so gut es eben ging, fort, aber er hatte kaum Zeit für seine Familie, meistens war er irgendwo, aus irgendwelchen Gründen mit Anton unterwegs, meistens wußte er gar nicht warum. Und als Anton ihn eines Tages fragte, warum er ihn immer so anschaue, da antwortete Erwin, ohne zu überlegen, daß er das tue, weil er ihn liebe. Anton nickte darauf freundlich und zuckte mit den Achseln und sagte ihm nur, wenn er ein Mädchen wäre, dann würde er ihn wahrscheinlich auch lieben. Und genau diese Sätze, in derselben Selbstverständlichkeit, wechselten die beiden noch ein paarmal, mehr war nicht. Oft hatte Anton Lust, von sich zu erzählen, von seinem bisherigen Leben. Erwin hatte dabei oft den Eindruck, daß es nicht Anton war, der erzählte, sondern daß es aus Anton heraus erzählte. Es waren immer wieder die gleichen Geschichten. Anton hatte fast seine ganze Kindheit in einem Konzentrationslager verbracht und verdankte es nur einem Zufall, daß er überlebte, zumindest in einer von Antons Versionen war es ein Zufall. Eine andere Version gab es, da verdankte Anton es seinem Geschick, und in weiteren Versionen gab es auch weitere Gründe, und irgendwie schien trotz der großen Widersprüche alles ein bißchen wahr zu sein. Wie auch immer, Anton hatte überlebt und kam in die Freiheit mit einem einzigen Wunsch im Kopf, er wollte nach Amerika, und auf dem Weg nach Amerika ist er in Frankfurt hängengeblieben und hat es dort in relativ kurzer Zeit, innerhalb der sogenannten Unterwelt, zu einem immerhin respektablen Namen gebracht. Zudem begriff er eines Tages, daß es da wohl keinen Unterschied zu geben scheint zwischen der Stadt Frankfurt und Amerika, und noch etwas Wichtiges hatte Anton gelernt in den Jahren der Freiheit, und auch darauf kam er immer wieder zurück, er hatte gelernt, daß es gar keinen so großen Unterschied gäbe zwischen dem Leben draußen und dem, was er im Konzentrationslager gelebt und gesehen hatte. Zwar waren die Menschen draußen nicht so offensichtlich eingesperrt, aber eingesperrt, jeder auf seine Weise, waren letztlich alle, und alle hatten auch Angst draußen, und diese Angst war nicht kleiner als die, die er im Lager kennengelernt hatte, nur etwas anders. Manchmal kam es, daß Anton, wenn er solche Theorien vertrat, Streit bekam. Aber wie durch ein Wunder war er nie wirklich in eine Schlägerei verwickelt. Er hatte da wohl so etwas wie einen siebten Sinn.

56

Eines Tages wurde Erwin verhaftet. Ein ganz dummer Zufall hatte jemanden darauf gebracht, daß Erwin mit irgendwelchen Schiebungen in Fleisch zu tun hatte. Erwin hat seinen Partner Anton nie verraten. Er hat die ganze Sache voll auf seine Kappe genommen, bei der Polizei und beim Untersuchungsrichter und auch vor Gericht. Da Erwin nicht vorbestraft war, zudem Frau und Kind hatte, kam er mit 12 Monaten Gefängnis ohne Bewährung davon. Erwin empfand diese 12 Monate, die er hinter Gittern verbrachte, als nichts weiter als ein Geschenk an Anton, und merkwürdigerweise distanzierte sich Irene nicht von ihm, als die ganze Sache aufgeflogen war, im Gegenteil, sie besuchte ihn, so oft es erlaubt war, im Gefängnis, und jetzt war es so, als würde Irene damit beginnen, Erwin zu lieben. Erwin seinerseits mochte Irene nach wie vor, Irene hatte, was auch immer geschehen würde, einen Platz in seinem Leben, und weil Erwin fast nie mit Menschen zusammenkam, mit denen er hätte reden können, erzählte er eines Tages Irene von seiner Beziehung zu Anton. Er verheimlichte auch nicht, daß er glaubte, Anton zu lieben. Im ersten Augenblick war Irene wie gelähmt, aber schon kurz darauf gab sie Erwin zu verstehen, daß er mit ihr darüber reden könne und daß diese Geschichte für sie im Grunde nichts verändere.

Anton besuchte ihn nie, dafür hatte Erwin Verständnis. Nur eins machte ihn traurig, daß er auch nie einen Brief von Anton bekam, einen Brief, auf den er die ganzen 12 Monate jeden Tag aufs neue voll Hoffnung wartete, und trotzdem direkt nach seiner Entlassung ging Erwin durch die Kneipen, in denen er mit Anton gewesen war. Er suchte nach ihm, aber er konnte ihn nicht finden, statt dessen erzählte ihm einer, Anton habe ein Bordell aufgemacht und sei jetzt wirklich groß im Geschäft. In diesem Bordell fand Erwin Anton jetzt auch sehr schnell, und Anton freute sich wirklich, Erwin wiederzusehen, bedankte sich sogar dafür, daß Erwin ihn aus der anderen Sache herausgelassen habe, griff in seine Tasche und steckte Erwin eine Menge Scheine zu. Erwin, der seit 12 Monaten auf diesen Moment des Wiedersehens gewartet hatte, stand nur steif da und schaute Anton an, schaute und schaute, bis es Anton, wie früher schon einige Male, ungemütlich wurde und er ihn wieder

nach dem Grund fragte, und wieder sagte Erwin, daß er ihn
liebe, und wieder sagte Anton, ja wenn Erwin ein Mädchen
wäre, und wechselte schnell das Thema, indem er Erwin erklärte, daß er in seinem Bordell in etwa die gleichen Ordnun-
gen, die gleiche Struktur von Befehl, Gehorsam, Pflicht und
Angst, eingeführt habe, wie er es einst im KZ erlebt hatte, und
wie gut sich das Ganze bewähre. Da klatschte Anton, glücklich
wie ein kleines Kind, in die Hände und war ganz offensichtlich
sehr zufrieden.

Wie betäubt verließ Erwin das Bordell und machte dann etwas
ganz Merkwürdiges, etwas, wo er zudem vorher nie darüber
nachgedacht hatte. Er setzte sich in ein Taxi, ließ sich zum Flug-
hafen fahren, buchte den nächsten Flug nach Casablanca, flog
nach Casablanca und ließ sich dort, ohne auch nur den Ansatz
eines Zweifels zu haben, von einem Mann durch eine Totalope-
ration zu einer Frau umwandeln. Etwa 3 Wochen mußte er in
Casablanca bleiben, bis alle notwendigen Nachfolgeoperatio-
nen gemacht worden waren, dann ging er vom Krankenhaus in
die Stadt, kaufte sich Frauenkleider und eine Perücke und flog
nach Frankfurt zurück.

Bei der Ausreise nach Marokko, wie auch bei der Einreise nach
Deutschland, gab es die üblichen Schwierigkeiten, aber zugu-
terletzt ließ ihn doch das eine Land hinaus und das andere hinein.

Wieder setzte sich Erwin in ein Taxi, er wollte, so schnell es
irgend möglich war, bei Anton sein. Wieder traf er ihn in seinem Bordell, wo Anton ihn nicht gleich erkannte und wohl eher
dachte, eine Bewerberin für ein Zimmer vor sich zu haben. Da
schüttelte Erwin den Kopf und sagte, daß alles ganz anders sei
und daß er Erwin sei, jetzt den Namen Elvira angenommen
habe, und nachdem der verblüffte Anton nicht von selber darauf kam, erinnerte ihn Erwin-Elvira daran, daß er immer wieder, wenn Erwin ihm gesagt hatte, daß er ihn liebe, zur Antwort
gegeben hatte, wenn er nur ein Mädchen wäre, und das wäre er
jetzt, ein Mädchen. Anton fing sich sehr schnell wieder, sah sich
Erwin-Elvira von allen Seiten an, nickte zuletzt fachmännisch,
etwa wie nach der Begutachtung einer besonders gelungenen
Arbeit, an einem Schrank meinetwegen oder an einem Tisch.

Da wurde Elvira drängend. Für sie war die Zeit der Spielerei vorbei, für sie war das alles von großem, hoffnungsvollem Ernst. Aber Anton schüttelte nur den Kopf und lachte dann, lachte, bis ihm die Tränen kamen, aber Elvira mochte dieses Lachen nicht, da blieb ihm nichts übrig, als ganz klar zu sagen, daß er das natürlich so nicht gemeint habe, und jetzt von einer Sekunde zur anderen wußte Elvira Bescheid. Ganz klar war ihr, daß diese Liebe niemals Erfüllung finden könne, gleichzeitig wurde ihr das ganze schreckliche Ausmaß dessen bewußt, was diese Operation nun für sie bedeutete. Da nickte sie nur ganz ruhig zu Anton, zuckte, wie als wenn nichts wäre, mit den Achseln und ging weg. In einer Apotheke kaufte sie sich Schlaftabletten und mietete sich in einem Hotel ein. Dort nahm sie die Schlaftabletten, aber dem Hotelbesitzer kam dieser Gast schon von Anfang an komisch vor, und er klopfte an die Tür, hörte nichts, die Tür war verschlossen. Da lief der Hotelbesitzer zu seiner Rezeption hinunter, sah auf den Meldezettel, auf dem hatte Elvira ihre Adresse, die sie gemeinsam mit Irene hatte, angegeben. Der Hotelbesitzer rief bei Irene an, Irene konnte sich auf eine Frau, die sich unter ihrer Adresse in ein Hotel eingemietet hatte, zwar keinen Reim machen, kam aber trotzdem, so schnell sie konnte, in die Stadt. Jetzt, wo Irene dabei war, warf der Hotelbesitzer sich so gegen die Tür, daß sie aufbrach, und sie fanden Elvira bereits im Koma auf dem Bett. Der Hotelbesitzer rief sofort nach einem Rettungswagen, während Irene langsam immer klarer wurde, was hier geschehen war, und ganz merkwürdig, gerade das ließ sie Erwin oder die Frau, die hier lag, noch mehr lieben, als sie das jemals vorher gekonnt hatte. Der Hotelbesitzer stürzte ins Zimmer zurück, schob Irene zur Seite, packte Elvira und schlug ihr dann immer wieder hart und kräftig ins Gesicht. Aber auch das half nichts, Elvira blieb ohnmächtig. Zum Glück dauerte es nicht lange, bis der Rettungsdienst kam und Elvira ins Krankenhaus brachte. Man brachte sie ordnungsgemäß nach ihrem Paß natürlich in die Männerabteilung, und es gelang zudem, ihr Leben zu retten.

Als Elvira in der Männerabteilung aufwachte, wurde sie von einigen bestaunt, andere wieder redeten häßlich. Da legte Elvira sich ins Kissen zurück, und jetzt endlich liefen ihr ganz kleine zarte Tränen übers Gesicht, und als der Arzt mit Irene kam und Irene Elvira durchs Haar streichelte, da fragte Elvira nur, warum man sie nicht habe sterben lassen. Da setzte sich Irene zu Elvira aufs Bett, umarmte sie, küßte sie, weinte mit ihr und sagte so dumme Sachen wie, daß das Leben doch schön sei und daß man nie wisse, was vielleicht noch komme. Aber schon während sie sprach, wurde ihr klar, daß das nur Allgemeinsätze waren, die ihr einfielen, und sie sagte zu sich, daß sie sich Mühe geben wolle, ein anderes Mal vernünftig mit Elvira über das Leben zu reden, soweit es überhaupt möglich ist, vernünftig zu reden über das Leben.

Nachdem Elvira aus dem Krankenhaus entlassen wurde, mietete sie sich ein kleines Appartement in der Innenstadt und arbeitete in der Kaiserstraße als Bardame. Elvira brauchte sehr lange, bis sie sich damit abfand, und noch länger, bis sie es akzeptieren konnte, eine Frau zu sein, denn sie war nicht deswegen eine Frau geworden, weil sie unbedingt eine Frau hatte sein wollen. Es verging viel Zeit, in der Elvira bei jedem Kontakt, den sie mit einem Mann hatte, und das mußte noch nicht einmal ein sexueller Kontakt sein, das unangenehme Gefühl hatte, etwas Homosexuelles zu tun, und Elvira war kein Homosexueller im landläufigen Sinn. Auch ihre Liebe zu Anton hatte, was die praktischen Vorstellungen in ihrem Kopf anbelangt, nie ein Stadium erreicht, wo Elvira sich wirklich eine körperliche Vereinigung mit Anton vorgestellt hatte.

Die ersten 3 Jahre nach ihrer Operation arbeitete Elvira als Animiermädchen oder als Bardame. In dieser Zeit hatte sie absolut keinen sexuellen Kontakt. Sie versuchte im Gegenteil zu vergessen, etwas wie ein Geschlecht zu haben. Eines allerdings tat Elvira, aber das hat kaum einer, der sie kannte, auch nur geahnt, mit einer fast masochistischen Lust machte sie innerhalb der verschiedenen Bars einen deutlich verfolgbaren Abstieg, der absolut parallel zu dem deutlichen Aufstieg Anton Seitz' verlief, der mit seinem Bordell mittlerweile so viel Geld verdient hatte, daß er begann, Häuser zu kaufen, und zudem mit Häusern handelte. In dieser Sparte war in der Stadt Frankfurt Hochkonjunktur. Man wurde reich und reicher, indem man alte Häuser billig aufkaufte, die Mieter, so sie nicht von allein gingen, mit den sonderbarsten Tricks vertrieb, und wenn alle draußen waren, abreißen ließ und dann entweder mit den Grundstücken hoch handeln konnte oder aber selber baute. Anton Seitz war bald einer der Großen in diesem Gewerbe, und er wurde größer und größer, und als er so etwas wie einen Höhepunkt seiner Karriere als Häusermakler erreicht hatte, entschloß Elvira sich, nun nicht mehr in der Bar zu arbeiten, sondern auf den Strich zu gehen, und schon nach kurzer Zeit war Elvira eine der bekanntesten und beliebtesten Prostituierten der Messestadt Frankfurt. In dieser Zeit hatte Elvira es zudem geschafft, sich mit ihrer Rolle als Frau abzufinden. Es gelang ihr sogar, als Frau Spaß an Männern und mit Männern zu haben.

Während all der Jahre hatte Elvira die für sie ungemein wichtige Beziehung zu Irene, die mittlerweile Studienrätin geworden war und nie aufgab, Elvira Lust und Spaß an vielen Dingen zu machen, und auch wenn die meisten von Irenes Versuchen mißglückt sind, so gelang es ihr doch, Elvira für das eine oder andere zu interessieren, denn nur im Leben und Erfahren von Neuem, das wußte Irene, lag Elviras Chance, nicht doch noch an sich selber zu zerbrechen.

Eines Tages, Elvira hatte gerade so etwas wie den Höhepunkt ihrer Karriere als Prostituierte erreicht, traf sie den arbeitslosen und sehr an sich selbst zweifelnden Christoph Hacker, in den sie sich in gewisser Hinsicht zumindest verliebte. Christoph Hacker war Schauspieler, hatte mehrere Jahre Engagements in Provinzstädten hinter sich und mußte eines Tages erkennen, daß der Weg, auf dem er war, ein rückläufiger Weg war, denn im Gegensatz zum an sich üblichen, wo ein Schauspieler mit jedem Engagement in eine größere und bedeutendere Stadt verpflichtet wird, wurden die Städte, aus denen Christoph Hacker Angebote erhielt, immer kleiner, so daß er eines Tages gar nicht mehr anders konnte, als sich selber eingestehen zu müssen, wohl doch nicht das große Talent zu sein, das er einmal geglaubt hatte zu sein. Diese Erkenntnis schmerzt natürlich ungemein, zumal man alle Hoffnungen, die einen bisher am Leben gehalten haben, von jetzt auf später verliert. Christoph Hacker also

war, als er Elvira Weishaupt begegnete, an einer Grenzsitua-
tion seines Daseins, in einer Situation, die ihn kaum noch
Gründe finden ließ, warum er überhaupt noch dablieb in dieser
Welt. Aber als Christoph Hacker Elvira traf, traf er einen Menschen, der ihn vom ersten Augenblick an so faszinierte, daß
bereits die schlichte Existenz dieses Menschen Christoph Hak-
ker Grund genug war, einen Sinn im Leben zu sehen. Da für
Elvira bereits die Tatsache, solch eine Beziehung einzugehen,
ein Wagnis bedeutete, wollte sie wenigstens in gewisser Weise
gereinigt das Leben mit Christoph Hacker beginnen.

So erzählte sie alles, von dem sie glaubte, es sei ihr Leben gewesen, ließ nichts aus, vielleicht wollte sie Christoph mit ihrer Erzählung auch eine Chance geben, sich nicht auf sie einzulassen.
Aber Christoph Hacker war durch nichts von Elvira abzubrin-
gen. So suchten sie sich eine Wohnung, in der sie versuchen
wollten, zusammenzuleben, richteten diese Wohnung voll und
ganz nach ihrem Geschmack und ihren Bedürfnissen ein. Elvira
behielt zudem ihr Appartement, das sie weiterhin für ihre Arbeit brauchte.

In der ersten Zeit ihres Zusammenseins kümmerte sich Christoph Hacker hauptsächlich um das Herrichten der neuen Wohnung, und als diese Arbeit beendet war, hing er einige Monate
herum, um dann eines Tages den Entschluß zu fassen, es mit
einer anderen Arbeit noch einmal zu versuchen. Christoph
klopfte den Markt nach allen Richtungen hin ab und entschloß
sich zunächst, als Vertreter zu arbeiten, und zwar nicht etwa als
Vertreter für Staubsauger oder Illustrierten-Abonnements,
sondern als einer, der eine Art Aktien verkauft. Aktien zwar,
deren Seriosität meist nicht für sehr viel länger als ein Jahr aus-
reicht, aber es lassen sich immer wieder neue Ideen entwickeln,
für die man diese aktienähnlichen Papiere verkaufen kann. Immer noch gibt es genug Menschen, die bei der Vorstellung, z. B.
240 % Rendite, ganz dumm im Kopf werden und leer.

Elvira hat Christoph Hacker beim Aufbau dieses Berufes in
jeder Hinsicht geholfen. Sie hat es getan, indem sie ihm Kraft
gab, und sie hat es getan, indem sie ihm verschaffte, was in
diesem Beruf das Wichtigste ist, Mittel zur Repräsentation. Elvira und Christoph Hacker haben etwa 3 Jahre zusammenge-

lebt, bis Christoph Hacker sich in seinem Beruf so weit etabliert hat, daß er für beide genug verdient, und Elvira hatte genügend auf dem Konto. So war es ihr möglich, von heute auf morgen mit dem Strich ein Ende zu machen. Von da an lebte Elvira 6 Jahre mit Christoph Hacker zusammen, ohne zu arbeiten. In der ersten Zeit fand sie genug, womit sie sich beschäftigen konnte, und die Tatsache, daß Christoph von Montag bis Freitag nicht da war, wertete Elvira eher als positiv für ihre Beziehung, und doch passierte es irgendwann in den Jahren, daß Elvira in ihrer sauberen geputzten Wohnung stand, nicht in die Lokale wollte, in denen sie früher gewesen war, aber auch Kulturelles, wie Hören von Musik, Lesen von Büchern, Filme oder was auch immer, gaben ihr nicht genug von dem, was man Lebensinhalt nennt. Sie hatte vieles ausprobiert, sie hat sich eine Kamera gekauft, mit der sie fotografiert, aber das gab sie schon bald auf. Irgendwann hat sie sich ein Video-Aufzeichnungsgerät gekauft, wollte ihre eigenen Filme drehen, auch das war ihr zu einsam. Ein paarmal hat sie Christoph auf seinen Reisen begleitet, aber da saß sie stets nur in Hotelzimmern rum, so daß sie auch das wieder aufgab. So war es ziemlich logisch, als Elvira eines Tages anfing zu trinken, im Trinken immer unmäßiger und unmäßiger wurde, manchmal zum Alkohol Tabletten nahm, die die Wirkung steigerten, zwischendurch Perioden hatte von einer Art Hunger, die schon mehr Gier war als Hunger, und jetzt meist völlig außer Kontrolle wurde Elvira fetter und fetter, so daß man fast schon sagen kann, sie ging aus dem Leim. Es blieb nicht aus, daß Christoph Hacker, je mehr Elvira sich von dem Bild, das er von ihr hatte, entfernte, immer weniger Lust hatte, nach Hause zu kommen, so daß es jetzt manchmal schon vorkam, daß er 3, auch 6 Wochen hintereinander wegblieb. Elvira realisierte in ihren klaren Momenten, daß sie als Frau, wenn sie sich nicht dem Bild anpaßte, das man von ihr hatte, absolut chancenlos war.

So entwickelte sie automatisch zuerst ganz klein irgendwo in ihrem Hinterkopf den Gedanken, lieber wieder ein Mann zu sein. Dieser Gedanke wurde größer und größer in ihrem Kopf, bis er zuletzt ihr ganzes Denken beherrschte. Zuzeiten als Christoph Hacker nicht zu Hause gewesen war, versuchte sie Männer zu finden, die wenigstens eine Nacht bei ihr verbrachten, aber es gelang ihr immer weniger, und da sie es irgendwo entwürdigend fand, als Frau einen Mann zu bezahlen, kam es jetzt öfter vor, daß sie in Männerkleidern Strichjungen kaufte, um wenigstens für ein paar Minuten die Illusion von Zärtlichkeit haben zu können.

3. Ein Film

Elvira Weishaupt hat sich als Mann verkleidet einen Strichjungen gekauft. Durch Zufall bemerkt der Junge, daß Elvira kein Mann ist. Da schämt er sich so vor der Frau, daß er sich nicht anders zu helfen weiß, als auf sie einzuschlagen. Dabei zerreißen Elviras Kleider, unter der Mütze kommen ihre langen Haare hervor, von Kopf bis Fuß ist Elvira Weishaupt, nachdem sie geschlagen worden ist, zerrissen und zerstört und so ihr schreckliches Trugbild, eine Mischung aus Mann und Frau, geht sie durch die Kaiserstraße nach Hause. Zwei Betrunkenen, die sich über sie lustig machen wollen, schafft sie es noch, so viel Stolz und Verachtung entgegenzusetzen, daß die ganz schnell ganz still weitergehen.

Es ist jetzt früh am Morgen, es dämmert. Elvira Weishaupt kommt in ihre Wohnung, wo ganz überraschend und offenbar vor etwa erst einer halben Stunde Christoph Hacker, der Mann, mit dem Elvira Weishaupt zusammenlebt, nach Hause gekommen ist. Elvira hatte nicht damit gerechnet, Christoph in dieser Nacht zu treffen, so steht sie ihm ganz plötzlich in der scheußlichen Aufmachung und in ihrer ganzen Zerstörung gegenüber. Zwischen den beiden entsteht ein häßlicher Streit, in dem sich beide, scheinbar seit langem angestauten Schmerz entgegenbrüllen. Dann plötzlich nimmt Christoph Hacker seine Koffer und will gehen. Da wirft sich Elvira dazwischen, will ihn nicht weglassen, bettelt, aber er gibt nicht nach. Bis ins Treppenhaus läuft sie ihm nach, aber er ist schneller als sie. Als sie unten vors Haus kommt, sitzt Christoph Hacker schon in seinem Auto. Elvira versucht, sich vor das Auto zu stellen, daß er nicht wegfahren kann. Immer noch weint sie und bettelt, aber Christoph fährt einfach los. Elvira kann sich gerade noch zur Seite in den Rinnstein schmeißen.

Da kommt von der gegenüberliegenden Straßenseite die rote Zora, eine Prostituierte, mit der Elvira Weishaupt befreundet ist, herübergelaufen, hilft Elvira auf die Beine, weint mit ihr, zieht sie mit sich zu einem Stehimbiß an der Ecke. Dort trinken sie ein Bier, und Elvira ißt, während sie weint, erklärt, wütend wird, eine Unzahl von Bratwürsten. Dann geht sie schnell, denn sie glaubt, daß Christoph Hacker jetzt wieder zu Hause ist, solche Szenen scheint es schon öfter gegeben zu haben, und jedesmal ist Christoph Hacker wieder zurückgekommen. Voller Hoffnung und Sehnsucht kommt Elvira in ihre Wohnung, ganz sicher ist sie, dort Christoph zu finden, aber die Wohnung ist leer. Da geht Elvira durch die Wohnung, die ihr plötzlich sehr fremd ist und in der sie sich plötzlich auch nicht mehr zurechtzufinden scheint. Dann setzt sie sich, nimmt ein Buch und liest darin. Das Buch ist ein Science-fiction-Roman und heißt »Welt am Draht«. So schläft Elvira im Sitzen lesend, weinend ein. Am nächsten Morgen wacht Elvira durch ein nicht endenwollendes Klingeln auf. Schnell wirft sie sich einen Morgenrock über, dann öffnet sie. Draußen steht Irene Weishaupt, die immer noch mit Elvira, die einmal Erwin hieß, verheiratet ist. Irene hat ein Magazin in der Hand und macht Elvira Vorhaltungen. Elvira hat offensichtlich jemandem ein Interview gegeben, in dem sie über ihre Beziehungen zu einem der mittlerweile reichsten und mächtigsten Männer der Stadt Auskunft gegeben hat. Irene hat ganz offensichtlich Angst um Elvira, der Mann will sie zertreten, vernichten, zerstören, sagt Irene, und Elvira hält ihr die Idee entgegen, die sie aus dem Roman »Welt am Draht« hat und die ihr im Moment sehr vernünftig und schlüssig erscheint, nämlich, daß die Welt, in der sie sich gerade befindet, nur ein Planmodell für eine höhere Welt ist, wo anhand von scheinbar echten Lebewesen Reaktionen überprüft werden sollen. Zwischen den beiden kann so kein Gespräch entstehen, und Irene verläßt wütend die Wohnung.

Später trifft Elvira in einer Kneipe die rote Zora wieder. Elvira hat sich jetzt etwas zurechtgemacht, aber es ist nicht zu übersehen, daß sie noch immer sehr verzweifelt ist. Aber auch der roten Zora versucht Elvira die Idee der Welt am Draht zu erzählen. Das alles kommt der roten Zora so verworren vor, daß sie sagt, sie nimmt Elvira mit zu ihrem Psychotherapeuten, vielleicht könne der Elvira aus diesem Zustand herausholen. Elvira willigt ein, es ist ihr egal, mit wem sie spricht. Sie muß im Moment ganz offensichtlich nur mit irgend jemandem sprechen. Bei dem Psychoanalytiker stellt sich heraus, daß Elvira so oder so keine Chance hätte, eine Psychoanalyse zu machen, da sie als Waisenkind von keinem Psychoanalytiker in Behandlung genommen würde.

Elvira und die rote Zora verlassen den Psychoanalytiker ziemlich ratlos. Aber dann hat Elvira plötzlich den Wunsch, in das Waisenhaus zu gehen, in dem sie aufgewachsen ist, und da vielleicht mit der einen Schwester, zu der sie eine Beziehung hatte, zu sprechen. Im Waisenhaus fragt sie nach Schwester Gudrun, Schwester Gudrun kommt, und es fällt ihr zuerst schwer, in Elvira den kleinen Erwin zu erkennen, mit dem sie einmal zu tun hatte. Aber dann gehen die zwei zusammen in den Garten, und Schwester Gudrun erzählt Elvira von ihrer Kindheit, und nachdem die Schwester Elvira die ganze große, böse Wahrheit erzählt hat, da bricht Elvira zusammen. Es ist fast, als hätte sie einen epileptischen Anfall. Schwester Gudrun und die rote Zora versuchen, sie zu beruhigen, und setzen Elvira in ein Taxi. Die rote Zora fährt mit und verspricht der Schwester, auf Elvira aufzupassen, bis sie schläft. In der Wohnung nimmt Elvira Schlafmittel, Beruhigungsmittel, eigentlich viel zuviel, aber die rote Zora paßt auf, daß sie nicht so viel nimmt, daß es gefährlich werden könnte. Dann setzt sie sich an Elviras Bett und wartet, bis Elvira schläft.

Am folgenden Tag hat Elvira sich sehr zurechtgemacht und steht mit einer Tüte mit französischem Brot, Käse, Rotwein vor dem Bürohaus, das ihrem früheren Freund, Anton Seitz, gehört. Dann betritt sie, fast ein wenig schüchtern, das Haus, geht die Treppen hinauf, hört dann über sich Stimmen, versteckt sich schnell in einem leerstehenden Büro, hört weiter Stimmen und Schritte, schaut um die Ecke, sieht, wie Anton mit seinem Sekretär die Treppen hinuntergeht. Elvira hat nicht genug Mut, ihn anzusprechen. Da geht sie in das leere Büro hinein, setzt sich, ohne auf ihre Kleider zu achten, in den Dreck, bricht sich Weißbrot ab, ißt das Brot mit Käse und trinkt Rotwein dazu. Währenddessen wird es dunkel. In der Morgendämmerung des nächsten Tages sitzt Elvira genauso wie am vorangegangenen Abend in dem leerstehenden Büro. Da hört sie plötzlich Schritte, die kommen näher, ein Stadtstreicher kommt in das Büro herein, der hat ein Seil dabei, das macht er an einem Haken fest, steigt auf eine Kiste und bricht sich, indem er die Kiste wegstößt, das Genick. Elvira schaut ihm dabei die ganze Zeit zu.

Etwas später an diesem Tag geht sie an dem hängenden Leichnam vorbei ins Treppenhaus, geht die Treppen nach oben, klingelt an Anton Seitz' Büro, geht hinein, versucht, sich bei Anton wegen des Interviews zu entschuldigen, aber der lacht nur. Überhaupt paßt eine Existenz wie Elvira nicht recht in seine Umgebung, und so kommt es, daß sie sich einfach nichts mehr zu sagen haben. Trotzdem will Anton sie begleiten, und sie lassen sich von Anton Seitz' Chauffeur zu Elviras Wohnung fahren. Vor der Wohnungstür sitzt die rote Zora, heult, mit einem blauen Auge, das ihr jemand geschlagen hat. Elvira versucht, sie zu trösten, und sucht nach einem Lappen mit essigsaurer Tonerde, um es auf das blaue Auge zu legen, aber wie sie zurückkommt, sieht sie, daß Anton und die rote Zora engumschlungen auf dem Fußboden liegen und sich lieben. Da rennt Elvira in ihr Badezimmer, reißt sich die Kleider vom Leib, geht an den Schrank, holt einen Anzug heraus, den zieht sie an, nimmt eine Schere, mit der schneidet sie an den Haaren herum, wäscht sich flüchtig mit Wasser die Schminke aus dem Gesicht und rennt aus dem Haus. So in diesem Anzug und mit den zerschnittenen Haaren kommt sie zu Irenes Haus, das in einer kleinen Vorstadt bei Frankfurt ist. Irene sitzt dort mit Marie-Ann, der Tochter, die sie gemeinsam haben, im Garten. Beide lachen zuerst über Elvira, aber dann merken sie doch ganz schnell, daß es da wohl wenig zu lachen gibt. Aber als Elvira sagt, was sie will, nämlich wieder mit Irene zusammenleben, da kann Irene nicht anders als ablehnen. Sie liebt Elvira, sie liebt sie sehr, aber zusammenleben mit ihr kann sie nicht mehr. Elvira versteht das zwar, doch sie erträgt es im Moment nicht, sie rennt plötzlich weg und läßt sich von den beiden Frauen auch nicht mehr aufhalten.

Dann geht Elvira ziellos durch die Nacht und geht dann plötzlich ganz schnell in ein Haus hinein. Dort klingelt sie an der Wohnungstür des Dichters Burkhard Hauer, er öffnet, lacht sie aus, Elvira sagt, sie will mit ihm sprechen, sie hat doch so gut mit ihm gesprochen, als er das Interview gemacht hat, aber der Dichter verweigert sich ihr und schließt die Tür, Elvira versteht die Welt nicht mehr.

Am nächsten Tag findet der Dichter Elvira in seinem Keller. Da ist sie schon tot.

1978

Die dritte Generation

1. Der deutsche Spielfilm und die Wirklichkeit

Im Gegensatz zu Italien, wo zum Beispiel Francesco Rosi, Damiano Damiani und andere mit ihren Filmen – fast könnte man sagen – so eng an der Wirklichkeit ihres Landes sind, daß sie mit ihren Filmen sozusagen eingreifen in diese Wirklichkeit und das zudem auch und gerade unter den eindeutigen kommerziellen Ansprüchen einer Filmindustrie –; im Gegensatz zu Amerika, wo auch immer wieder Filme entstehen, die sich absolut kritisch in die Chronik der laufenden Ereignisse hineindrängen, auch hier, versteht sich, nicht unter Verzicht auf die kommerziellen Aspekte einer Industrie, die, wie sollte sie auch anders, eben kommerziell ist; im Gegensatz zu Frankreich, Spanien, sogar zur Schweiz, wo Jonas im Jahre 2000 fünfundzwanzig Jahre alt sein wird; im Gegensatz zu fast allen westlichen Demokratien scheint es in der Bundesrepublik Deutschland ein geheimnisvoll gemeinsames Interesse der verschiedenen Gruppierungen, die mit Film zu tun haben, zu geben, daß diese Art Film hierzulande gar nicht erst entsteht.

Jahrelang ist dieses Interesse am Nichtentstehen eines deutschen Films, der mit der deutschen Wirklichkeit umgeht, abgesichert worden durch nichts als die einfache Behauptung, das deutsche Publikum sei an »diesem Film« nicht interessiert, einer Behauptung, die von den ohnehin verwirrten und verängstigten deutschen Produzenten einfach geglaubt und übernommen wurde. Die Realität, so schienen sich alle einig, sei Sache der Fernsehanstalten, die wiederum, zum Glück, Anstalten des öffentlichen Rechts sind und als solche zumindest einer ausgeglichenen Beschäftigung mit der Wirklichkeit verpflichtet –

oder es ist eine ausgleichende Beschäftigung, eine plump pluralistische, eine also, wo alles irgendwie recht hat, besonders das Recht?

Um nicht mißverstanden zu werden, natürlich weiß auch ich, daß der – in welchen Eingrenzungen auch immer, das ist von Anstalt zu Anstalt mehr oder weniger verschieden – kritische Film in der Bundesrepublik Deutschland nur im Fernsehen oder doch zumindest mit dem Fernsehen möglich war. Aber ich weiß auch, in welchem Kontext diese Kritik den Zuschauer erreicht und daß sie – die Kritik – durch die spezifische Zusammenstellung eines Fernsehabends, wie traurig soll man sein darüber, eben fast gleichzeitig im Moment des Formulierens von Peter Alexander oder Anneliese Rothenberger, ich weiß, schlimmer kanns schon fast nicht kommen, aber ist es nicht im ganzen trotzdem so, wie es ist, eliminiert einerseits (der Satz stimmt, man möge mir glauben, ich meine grammatikalisch, nicht wahr?), und daß andererseits mehr Regisseure der Gefährdung einer fernsehspezifischen Ästhetik, und die gibt es wirklich, zu erliegen drohen, anders gesagt, Leute, die Filme fürs Kino machen wollen, nehmen meist das Medium Fernsehen, das sie ernährt, nicht so ganz ernst. So entsteht eine Schlamperei in vielen, vielen Köpfen, und die hat zuletzt gewiß ihre Auswirkung, diese Schlamperei, auf mögliche spätere Spielfilme dieser Regisseure, was das Publikum zumindest spürt und was so letztlich nur dem Kino schadet.

Gewiß ist diese Problematik in ihrer Ganzheit weit komplexer, als sie hier angerissen wurde, na was? Aber es schien doch bis in die ganz nahe Vergangenheit hinein ziemlich endgültig zu sein, daß deutsche Wirklichkeit im deutschen Film bestenfalls in mehr oder weniger geglückten Übersetzungen in das 19. Jahrhundert etwa oder in die zwanziger Jahre zu geschehen habe, wenn überhaupt, am freundlichsten ist dem Film begegnet worden, der die Gefahr, der Zuschauer könne an seine eigene Wirklichkeit erinnert werden, mit viel Geschick zu verhindern wußte. (In diesem Satz steckt übrigens mehr Wahrheit, als man im ersten Moment vermuten möchte. Lesen Sie ihn am besten noch mal, bevor sich etwa der Gedanke, ich wäre ungerecht, in Ihrem Kopf einen noch breiteren Platz erkämpft.)

Im übrigen könnte ich an dieser Stelle schon ganz leicht konkret auf das Thema meines Films »Die dritte Generation« überwechseln, da die Verweigerung auch und vielleicht gerade der Medien des Umgehens mit der Wirklichkeit für mich zumindest auch einer der Gründe ist, warum es eben dieser Wirklichkeit, dieser spezifisch bundesrepublikanischen Wirklichkeit nicht gelungen ist, das, was ich unter demokratischen Grundideen verstehe, dem einzelnen Bürger so zu vermitteln, daß eine Demokratie hätte entstehen können, die nicht nur dem Namen nach demokratisch ist und in der das Phänomen von fast nicht mehr verstehbarer Gewalt gegen Gewalt und wieder Gewalt gar nicht hätte entstehen können. Aber dazu komme ich mit der mir eigenen Schlichtheit erst etwas später.

Zuvor nämlich möchte ich erst noch meine Hoffnung, so gut ichs kann, formulieren, daß diese Versäumnisse oder Unterlassungen oder erwünschten und belohnten Feigheiten jetzt bald, und das mehr und mehr, zu Ende sein werden, daß eine Situation für den deutschen Film entsteht, wie man sie sich befreiter, beglückender, befruchtender gar nicht mehr wird vorstellen können. Ich glaube, und man möge mir verzeihen, falls dem so ist, daß der letzte Satz mir ein ganz klein wenig ins Zynische entglitten ist, aber eben nur ganz, ganz wenig, oder was? Oder ist es so, daß ich aus den »Achtungserfolgen« (und kommerziell ging doch die Rechnung ganz gut auf, es sei denn, daß die Gerüchte diesmal ausnahmsweise noch weniger stimmen als sonst) der Filme »Das zweite Erwachen der Christa Klages« der Kollegin von Trotta und »Deutschland im Herbst«, ein Film übrigens, der mir, was ich ja nachprüfbar von Anfang an immer wieder laut von mir gab, minutenweise schrecklicher als schrecklich vorkommt, aber dennoch ein Film, den ich mit einer großen, mir eigenen parzivalesken Naivität für mich entschieden habe, daß es nicht die obszönen Momente waren, die diesen Film zu einem wichtigen und für viele interessanten und wichtigen Film haben werden lassen (und für die, die es vielleicht nicht wissen, finde ich obszön nicht, wie ich vor der Kamera mit meinem Schwanz spiele, sondern obszön finde ich das Onanieren von Leuten, die am liebsten die Existenz ihres Schwanzes vor sich selber geheimhalten würden, aber auch ihr

Gehirn nicht so im Griff haben, daß sie es so gut greifen könnten, um wenigstens damit zu wichsen. Da ist, und das ist immerhin eine Leistung, überraschend viel mit dem Mund onaniert worden, was, unter uns Schwestern der Revolution gesprochen, eigentlich gar nicht geht, mit dem Mund, nicht wahr, mit dem Mund ...?), einen falschen Schluß gezogen haben sollte? (Auch dieser Satz stimmt, wie auch immer, zumindest grammatikalisch!) Einen Schluß zudem, der zusätzlich durch den doch tatsächlich großen kommerziellen Erfolg des Lichtspiels »Die verlorene Ehre der Katharina Blum« mitgestützt wird – ja, ja, das Sichbefreien darf auch Opfer fordern, selbst solche des Geistes, »gäb Gott«, daß dies nicht eines von den unverzeihlichen ist, eines von denen, die mit graugrünen Flecken auf der Seele bestraft werden.

Ein kommerzieller Erfolg also von drei Filmen, die auf jeweils absolut verschiedenartige Weise der Wirklichkeit der Bundesrepublik Deutschland hier und heute begegnen, ein Erfolg zuletzt, der mich eben den Schluß ziehen läßt, daß es jetzt auch hierzulande möglich geworden zu sein scheint, konkrete politische Fragen mit dem Medium Film, auch und gerade dem Kinofilm, zu stellen, und daß das Potential des an diesem Film interessierten Publikums groß genug ist, daß diesen frei genannten Filmen weitere Filme folgen können, und daß diese Filme im Gegensatz zu früher auch die Chance haben, ein Publikum zu erreichen. Wichtig erscheint mir allein eines, daß man sozusagen am Ball bleibt, daß weiterhin auch auf breiter Ebene diese Filme entstehen und man den Gegnern dieser Möglichkeit, das Kino als Kommunikationsort zu sehen, nicht durch das schlichte Nichtvorhandensein solcher Filme als Argument dafür zuliefert, jetzt den Spieß andersherum zu drehen und zu sagen, dieses Nichtvorhandensein beweise automatisch das Desinteresse der Zuschauer.

Nicht zuletzt aus diesem Grunde bin ich fest entschlossen, immer auch wieder einen Film zu machen, der sich mit gerade aktuellen politischen Fragen beschäftigt. Ich glaube, daß man auch diese Filme durch Besetzung und Machart immer attraktiver machen kann, und glaube, daß es für diese »Spekulation« eindeutige moralische Begründungen zur Genüge gibt. Wenn man zum Beispiel an das italienische Kino denkt, sind es u. a. auch immer wieder beliebte Stars, wie zum Beispiel Franco Nero bei Belocchio, Gian-Maria Volonté bei Damiano Damiani oder Rod Steiger bei Francesco Rosi oder, oder, oder . . ., diese Reihe ließe sich beliebig lange fortsetzen, und in »All the President's Men« waren es Robert Redford und Dustin Hoffman, die der filmischen Verarbeitung des Falles Watergate nicht nur ihr schauspielerisches Können, sondern auch ihren Glamour gaben. Ich glaube, mehr brauche ich nicht zu der potentiellen Frage, warum ich »Die dritte Generation« machen will, einen Film, der sich mit einem Problem, dem des Terrorismus nämlich und den Terroristen heute, quasi etwa zum Zeitpunkt der Entstehung des Films, beschäftigt, einem Problem, mit dem die Bevölkerung dieses Staates und die, die diesen Staat repräsentieren, bis jetzt in keiner Weise, sei es praktisch oder auch nur gedanklich = ideologisch, fertig geworden sind.

2. Ein Film – ein Titel

»Die dritte Generation« könnte meinen:
1. das deutsche Bürgertum von 1848 bis 1933,
2. unsere Großväter und wie sie das Dritte Reich erlebten und wie sie sich daran erinnern,
3. unsere Väter, die nach Ende des Krieges Chancen gehabt haben, einen Staat zu errichten, der so sein hätte können, wie es humaner und freier vorher keinen gegeben hat, und zu was diese Chancen letztlich verkommen sind.
»Die dritte Generation« könnte aber auch die jetzige Generation von Terroristen meinen, wenn man dem Gedanken zustimmt, daß es eine erste und eine zweite Generation davor gegeben hat. Die erste, das wäre dann die, die aus Idealismus, gepaart mit übergroßer Sensibilität und fast krankhafter Verzweiflung über die eigene Ohnmacht gegenüber dem System und dessen Vertretern so etwas wie »wahnsinnig« wurde.
Die zweite Generation, das wäre dann die, die aus dem Verständnis für die Motive der ersten Generation heraus deren Vertreter meist verteidigt, häufig genug im Sinne des Wortes,

viele von ihnen waren »echte« Rechtsanwälte: Dieses Verteidigen jedoch wurde so lang und derart intensiv als im Grunde kriminelles Handeln diffamiert, daß der Schritt dieser Generation ins praktisch Kriminelle und somit in den Untergrund eher nachvollzogen, denn vollzogen wurde.

Wie auch immer jeder einzelne Bürger den Handlungen und Motiven der ersten sowie der zweiten Generation der Terroristen irgendwo in der Lage ist, etwas wie Verstehen entgegenzubringen – oder auch nicht, versteht sich –, fällt ein Verstehen der Motive der dritten Generation mehr als schwer, ist vielleicht von beiden vorangegangenen Generationen aus betrachtet fast unmöglich, denn die dritte Generation der Terroristen hat, so scheint mir, mit ihren Vorgängern weniger gemein als vielmehr mit dieser Gesellschaft und deren Gewalt, die diese, zu wessen Nutzen auch immer, ausübt.

Ich bin überzeugt, sie wissen nicht, was sie tun, und was sie tun, hat Sinn in nichts weiter als im Tun selbst, der scheinbar erregenden Gefahr, dem Kleinabenteuer in diesem – zugegeben – immer beängstigend perfekter verwalteten System. Handeln in Gefahr, aber ganz ohne Perspektive, und wie im Rausch erlebte Abenteuer zum Selbstzweck, das sind die Motivationen der »dritten Generation«.

Dennoch, daß es dieses Phänomen ausschließlich in diesem Land gibt, das hat natürlich mit diesem Land zu tun, hat tatsächlich erschreckend viel zu tun mit diesem Land, seinen Fehlern, seinen Versäumnissen, seiner zum Geschenk erhaltenen Demokratie, der man wie dem geschenkten Gaul nicht ins Maul schaut, einer Demokratie, die deren Grundwerte, auf denen sie basiert, immer entschiedener zu Tabus verkommen läßt, die der Staat gegen seine Bürger blind verteidigt, und das zudem – versteht sich – im wiederum blinden Einverständnis mit eben diesem Bürger, der unaufgeklärt (das Beschäftigen mit den verschiedensten Lehrplänen der verschiedensten Schulen kann einen »bei Gott« das Fürchten lehren) gar nicht in der Lage ist, aufmerksam zu werden darauf, daß das Gebilde um ihn herum, daß dieser Staat von Tag zu Tag ein ganz kleines bißchen totalitärer wird. Und das nächste Mal, Freunde, wird es nicht nur kindische tausend Jahre dauern, das nächste Mal hat schon begonnen, heimlich, still und leise, und das nächste Mal wird lang.

Und, um darauf zurückzukommen, welch ein Geschenk Gottes muß diesem Staat ein Terrorismus sein, der ohne Motivation geschieht und so keine Gefahr in sich birgt, und sei es im Negativen auch nur, verstehbar zu sein. Und tatsächlich, gäbs sie nicht, die Terroristen, dieser Staat in seiner jetzigen Entwicklung müßte sie erfinden. Und vielleicht hat er das sogar? Warum nicht? Wie, beispielsweise, war doch noch die Geschichte mit dem Sender Gleiwitz, und wie kam der erste Molotow-Cocktail in die KI, und der Reichstag, der so fotogen brannte, das ist auch eine Geschichte, und irgendwer hat zweifelsfrei tatsächlich aus Prag Moskau um Hilfe ersucht, zum Glück, aber warum? Und ein Glück wars wirklich, wo die Russen auch ohne Hilferufe ihre Truppen schon ziemlich weit in Richtung Tschechoslowakei hatten.

Die »dritte Generation« ist im übrigen, daß man sich ein Bild machen kann, kein sogenannter Politfilm, ich denke, jeder Film ist zuletzt ein politischer Film. Aber ich wollte Beispiele nennen, denen ich mich mit dem Film »Die dritte Generation« verpflichtet fühle, und das sind zum Beispiel »Im Zeichen des Bösen« von Orson Welles, »Die Straße der Erfolgreichen« von Michael Curtiz oder »Gewalt und Leidenschaft« von Luchino Visconti.

Dezember 1978

Klimmzug, Handstand, Salto mortale – sicher gestanden

Über den Filmregisseur Werner Schroeter,
dem gelang, was kaum je gelingt –
anläßlich seiner »Neapolitanischen Geschwister«

Werner Schroeter war über ein Jahrzehnt – sehr lange also, zu lange fast – der wichtigste, spannendste, entscheidendste sowie entschiedenste Regisseur eines alternativen Films, eines Films, der im allgemeinen »Underground«-Film genannt wird, was diesen freundlich einengt, verniedlicht und zuletzt in einer zärtlichen Umarmung erstickt.

In Wirklichkeit gibt es keinen »Underground«-Film. Den gibt es nur für jene, die ein Oben, Unten und ganz Droben säuberlich zu trennen verstehen. In Wirklichkeit gibt es nur Filme, und die wieder mittendrin im grauen Ganzen. Und da gibts auch die Menschen, die diese Filme machen. Und wie diese Menschen und ihre Filme sich voneinander unterscheiden, so unterscheiden sich natürlich auch die Dringlichkeiten, Filme zu machen. Und manche können eben nicht warten mit dem Filmemachen, bis sie die eine oder andere unsinnige Bescheinigung in der Tasche haben, »professionell« zu sein, die machen Filme auf Teufel-komm-raus, in 35 mm oder in 8 mm, das spielt dann oft gar keine Rolle.

Der Kulturbetrieb aber, in manchem hierzulande wohl mächtiger als andernorts, hat sich auf eine einfache Trennung von Filmemachern in eben »professionelle« und die aus dem »Underground« geeinigt und achtet auch streng auf Einhaltung dieser schlichten Rechnung. Ist einer mal ein »Underground«-Regisseur, soll er auch, der Einfachheit halber wohl, einer bleiben, am besten für immer. So gelingt kaum je einem der Regisseure in der BRD ein Ausbruch aus dem Ghetto, in das er mal gesteckt worden ist, und wo man es ihm, das sei nicht verschwiegen, natürlich auch mehr oder weniger kommod macht. Und das macht einen leicht faul oder auch feig, wie mans nimmt.

Aber der Widerstand andererseits gegen das Umsteigen eines Filmemachers vom »Underground« ins »große Kino« im deutschen Kulturbetrieb ist merkwürdig zäh und einhellig, macht viele mutlos und zerstört mit Sicherheit einen ganzen Haufen Talent.

Werner Schroeter nun, der in der Filmgeschichte später mal einen Standort haben wird, den ich in der Literatur als einen Platz irgendwo zwischen Novalis, Lautréamont und Louis Ferdinand Céline bezeichnen würde, war eben zehn Jahre lang ein »Underground«-Regisseur, aus dieser Rolle wollte man ihn nicht schlüpfen lassen. Der große filmische Entwurf der Welt des Werner Schroeter wurde beengt, verdrängt und gleichzeitig hemmungslos ausgebeutet. Seine Filme bekamen das recht brauchbare »Underground«-Etikett, das sie im Handumdrehen zu zwar schönen, aber doch exotischen Pflanzen machte, die so weit entfernt und so ganz anders blühten, daß man sich im Grunde ja gar nicht auf sie einlassen konnte. Und damit, versteht sich, auch gar nicht auf sie einlassen mußte. Und gerade das ist so einfach, wie es falsch und dumm ist. Denn Werner Schroeters Filme sind nicht weit weg, schön zwar, aber eben nicht exotisch. Im Gegenteil.

Dem Regisseur Werner Schroeter, den sie kleiner zu machen versuchen, den sie in winzige, törichte Schubladen zu sperren versuchen und dessen Filme, ich sags immer wieder, sie »Underground«-Filme nennen, und im Untergrund, da sind so Sachen, die gibts irgendwie, aber halt unten, und außerdem sind diese Filme gerade denen, die nicht mehr gaben für sie, zu billig, um ihnen wichtig zu sein – diesem Werner Schroeter also ist ein klarerer-umfassender Blick auf diese Kugel geschenkt, die wir Erde nennen, als sonst einem, der Kunst macht, welche auch immer. Und ein ganz klein wenig, so scheint mir, offenbaren sich diesem glücklich Privilegierten fremde wunderbare Geheimnisse des Universums.

Falls es sich nicht von selbst versteht, sei hier eingeflochten, daß dieses Glück und diese Größe, von der ich gerade erzählt habe, natürlich keinesweg bedeutet, daß der so beschriebene Mensch, als lebendes Wesen, als Körper, über den Dingen stünde und zufrieden sei. Im Gegenteil. Ich kenne keinen außer mir, der so verzweifelt konsequent einer wahrscheinlich infantilen, dummdreisten Utopie von so etwas wie Liebe (diese Worte, meine Damen und Herren, entlarven sich ohnehin ganz von allein, oder?) hinterherrennt und den immergleichen graugrünen Erfahrungen hilflos gegenübersteht. Aber: Erfahrung macht dumm. Wir werden wohl beide so weitermachen.

Zum Thema zurück. Dem Regisseur Schroeter, so heißt die Behauptung ganz am Anfang, ist etwas gelungen, was kaum je einem gelingt. Was also ist das? Zehn Jahre »Untergrund«, von der Abteilung »Kamerafilm« beim ZDF über Jahre als zuverlässiger Tor, der fast biersicher seiner Abteilung regelmäßig Hymnisches aus dem In- und Ausland brachte, was das Selbstgefühl dieser vermeintlichen Geburtshelfer wohl hob, sie aber gleichzeitig blind zusehen ließ, wie so ziemlich jeder Film von Werner Schroeter wesentlich mehr kostete, als Schroeter von ihnen bekam. Aber das hat sie ganz lange Zeit nicht auf großzügige, frische Gedanken gebracht, warum auch, einer, der Schulden hat, der hat keine Wahl, der ist ja fast abhängig, also brav weiterhin. Und billig. Und überhaupt. Werner Schroeter hat länger als die meisten in diesem Teufelskreis gesteckt, natürlich immer mit einer starken, unzerbrechlichen Hoffnung, eines Tages ausbrechen zu können. Filme fürs Kino zu machen. Filme für Menschen, je mehr, um so besser. Aber es wollte und wollte nichts werden.

Inzwischen gab es nur noch ganz wenige, die Chancen hatten, Filme zu machen, die nicht das Ihre bei Schroeter abgeguckt haben. Ich hab Entscheidendes gelernt in seinen Filmen, das muß einmal deutlich gesagt sein oder geschrieben. Daniel Schmid ist nicht denkbar ohne Schroeter, nicht Ulrike Ottinger, Walter Bockmayer konnte lernen in Schroeters Filmen. Es gibt eine ganze Anzahl von Schülern der Filmhochschule in München, deren Filme Versuche über Schroeter sind, von Eberhard Schubert bis Bernd Schwamm. Es gibt in Frankreich junge Kollegen, denen Schroeter-Filme mindestens so wichtig sind wie Sternberg-Filme. Letztlich zu Recht.

Und ein überaus geschickter Schroeter-Imitator hat sich gefunden, der zur selben Zeit, da Schroeter hilflos wartete, von Schroeter Entwendetes geschickt vermarktet hat. In Paris sind sie dann auch noch tatsächlich eine ganze Weile auf diesen Geschäftsmann in Sachen Plagiat, auf Hans-Jürgen Syberberg, reingefallen. Es war ziemlich mühsam, in Frankreich zu erklären, daß nicht wir Epigonen des flinkeren Syberberg waren, sondern daß da grausamer Ausverkauf getrieben wurde, mit unserem Persönlichsten zum Teil. Aber auch Syberberg, unabhängig von der großen Lust, es einmal loswerden zu können, steht für Chancen, mit Werner Schroeters ureigenen Erfindungen »große Filme« zu machen, die dem originalen Talent verwehrt blieben.

Dann, zu einer Zeit, als manche, auch Schroeters Freunde, langsam aber sicher sich damit abfanden, daß Schroeter vielleicht nie einen großen erzählenden Film machen würde, daß er ihn jetzt, nach Jahren der Schüchternheit, des Zögerns, der fehlenden Chancen vielleicht auch gar nicht mehr zustande bringe, in einer Situation, in der nicht wenige verzweifelten, einfach aufgaben und andere nach einem gescheiterten Versuch, wie zum Beispiel Rosa von Praunheim mit »Berliner Bettwurst«, ungerecht und traurig wurden – jetzt, in dieser Situation, machte Werner Schroeter den Film »Die neapolitanischen Geschwister«. Einen großen, bedeutenden Film. Unglaublich, nach den schrecklichen Jahren des Wartens, immer am Rand der Gefahr, ganz einfach auszutrocknen. Einen Film, der sich ohne weiteres mit Recht zwischen Filme wie »Ossessione« von Visconti, »La Strada« von Fellini, »Mamma Roma« von Pasolini, »Rocco und seine Brüder« von Visconti, »Les bonnes femmes« von Chabrol, »Le diable probablement« von Bresson, »Der Würgeengel« von Buñuel und andere mehr reihen kann. Deutschland hat also nicht nur drei oder fünf oder zehn Filmregisseure, die es vorzeigen kann, Deutschland hat jetzt einen dazubekommen, der mit Sicherheit gefehlt hat. Einen mit einem ganz großen Atem. Einen großen ganz einfach.

Zuletzt, da dieses Feuilleton sicher von manchem gelesen wird, der auch die »Filmkritik« liest, eine Zeitschrift, auf die hier zudem das eine oder andere Mal fast mit Enthusiasmus hingewiesen wird, sei erlaubt, einen Artikel widerlich und eklig zu nennen, den dort Rosa von Praunheim über Werner Schroeters letzten Film geschrieben hat. Privates muß sein, um hier zu erklären: Rosa von Praunheim und Werner Schroeter waren vor langer Zeit eng befreundet. Während Rosa schon Filme machte, die ein Publikum erreichen sollten, fing Werner Schroeter langsam an, auch Filme zu machen. Aber Schroeter machte sie damals für den Freund, ihm zu »liebe«. Der Dank Rosa von Praunheims war Hohn und Spott. Exakt ausgespielt mit der traurigen Überlegenheit bei Menschen, die der hat, der weniger liebt. Werner Schroeters Ehrlichkeit und durch nichts zu beeinflussende Sachlichkeit Rosa von Praunheim gegenüber wirkte manchmal fast schon wie eine Lähmung.

Rosa von Praunheim, einer, der so fortschrittlich ist, dessen Bewußtsein so wesentlich befreiter von unser aller bürgerlichen Sehnsüchten ist, daß er tatsächlich glaubt, allein das Recht zu haben, ein Monopol quasi, mit dem Medium Film seine oder wessen Homosexualität auch immer zu reflektieren: Werner Schroeter hat diesem Diktat wohl immer gehorcht. Jetzt, in den »Neapolitanischen Geschwistern« glaubt Rosa von Praunheim wohl den einen oder anderen angeblich homosexuellen Erzähl-strang aufgespürt zu haben. Grund offensichtlich, seine eigent-liche, im übrigen weiß Gott verständliche Verzweiflung, näm-lich immer noch keinen großen Film gemacht zu haben oder nicht gemacht haben zu dürfen, diese Verzweiflung zu ver-schleiern, auch vor sich selbst.

So schlimm ist das, was Filmemacher in der BRD an Leid erfah-ren, und ich sage das ganz ohne Ironie, daß sie, um diese Schmerzen, diese Angst und diese Trauer nicht an sich heranzu-lassen, den vielleicht einzigen Freund, den sie haben, verra-ten.

Februar 1979

Die Städte des Menschen und seine Seele

Einige ungeordnete Gedanken
zu Alfred Döblins Roman »Berlin Alexanderplatz«

Vor zwanzig Jahren etwa, ich war gerade vierzehn, vielleicht
auch schon fünfzehn, befallen von einer fast mörderischen
Pubertät, begegnete ich auf meiner ganz und gar unakade-
mischen, extrem persönlichen, nur meinen ureigenen Assozia-
tionen verpflichteten Reise durch die Weltliteratur Alfred
Döblins Roman »Berlin Alexanderplatz«.
Zunächst, um ehrlich zu sein, hat mich das Buch überhaupt
nicht angetörnt, schon gar nicht hat es »baff« gemacht oder
»bumm«, wie es schon manchmal passiert war bis dahin zwischen mir und einigen, zugegeben wenigen »Büchern«, die ich
gelesen hatte. Im Gegenteil, die ersten Seiten, es mögen vielleicht um die zweihundert gewesen sein, haben mich doch so
trostlos gelangweilt, daß ich das Buch beiseite gelegt, nicht zu
Ende und dann auch mit ziemlicher Sicherheit nie mehr gelesen
hätte. Merkwürdig! Ich hätte nicht nur eine der aufregendsten
und spannendsten Berührungen mit einem Kunstwerk verpaßt,
nein – und ich glaube, ich weiß, was sich sage –, auch mein
Leben, gewiß nicht im ganzen, aber doch in einigem, manchem, vielleicht Entscheidenderem, als ich es bis heute zu überblicken vermag, wäre anders verlaufen, als es mit Döblins
»Berliner Alexanderplatz« im Kopf, im Fleisch, im Körper als
Ganzes und in der Seele, lächeln Sie meinetwegen, verlaufen
ist.
In der Tat drückt sich der Autor, mag sein aus Feigheit, mag
sein aus unerklärlicher Scheu gegenüber den bestehenden Mo-
ralbegriffen seiner Zeit und seiner Klasse, mag sein aus der unbewußten Angst des irgendwie persönlich Betroffenen, drückt
sich Döblin also viele Kapitel, viele, viele Seiten lang, zu lange
fast, um sein Thema oder besser das eigentliche Thema seines

Romans »Berlin Alexanderplatz« herum. Die Begegnung des »Helden«, Franz Biberkopf, mit dem anderen »Helden« des Romans, mit Reinhold nämlich, eine Begegnung, die den weiteren Verlauf des Lebens dieser beiden Männer bestimmt, geschieht in der 410 Seiten langen Taschenbuchausgabe des Romans auf Seite 155, nach mehr als einem Drittel also und mindestens 150 Seiten zu spät, so schien es mir damals, beim ersten Lesen, ein Eindruck übrigens, der sich bei mir, zwangsläufig etwas differenziert gewiß, bis heute nicht grundsätzlich geändert hat.

Warum auch immer, ganz gewiß aber zu meinem eigenen Glück, habe ich das erste Drittel von »Berlin Alexanderplatz«, das mich – wie gesagt – mehr gelangweilt als verwirrt, verstört oder gar erregt hatte, überstanden, habe also weitergelesen, gelesen plötzlich, daß mans kaum noch lesen nennen würde, verschlingen sagt man, fressen oder aufsaugen. Und hätte immer noch zu schwache Begriffe gewählt für dieses Lesen, das gefährlich oft wohl gar kein Lesen mehr war, eher schon Leben, Leiden, Verzweiflung und Angst.

Aber zum Glück ist Döblins Roman zu gut, als daß er zuließe, daß man darin unterginge oder sich verlöre. Immer wieder wurde ich, wird jeder Leser, wie ich glaube, zu sich selbst, zu seiner eigenen Wirklichkeit, zur Analyse jeder Realität eines jeden fast gezwungen. Ein Anspruch im übrigen, den ich an jedes Kunstwerk stellen würde. Mag sein, daß mir »Berlin Alexanderplatz« geholfen hat, diese Forderung an die Kunst zu erkennen, zu formulieren und nicht zuletzt an meine eigene Arbeit zu stellen. Ich bin also einem Kunstwerk begegnet, das nicht nur so etwas wie Lebenshilfe zu leisten in der Lage war, das auch, davon werde ich noch erzählen, ein Werk der Kunst also, »Berlin Alexanderplatz«, das hilft, Theoretisches zu entwickeln, ohne theoretisch zu sein, zu moralischen Handlungen zwingt, ohne moralisch zu sein, das hilft, das Gewöhnliche als das Eigentliche, als das Heilige also zu akzeptieren, ohne gewöhnlich zu sein oder gar heilig oder sich aufzuspielen als ein Bericht vom Eigentlichen und all dem, ohne dabei etwa grausam zu sein, was Werke dieses Stellenwertes ja nicht selten sind.

Aber »Berlin Alexanderplatz« hat mir nicht nur in so was wie einem ethischen Reifeprozeß geholfen, nein, es war mir, einem echt Gefährdeten in der Pubertät, auch echte, nackte, konkrete Lebenshilfe, denn ich habe Döblins Roman damals, und ich habe ihn dabei natürlich allzusehr vereinfacht auf meine eigenen Probleme und Fragen verengt, als die Geschichte zweier Männer gelesen, deren bißchen Leben auf dieser Erde daran kaputtgeht, daß sie nicht die Möglichkeit haben, den Mut aufzubringen, auch nur zu erkennen, geschweige denn sich zugeben zu können, daß sie sich auf eine sonderliche Weise mögen, lieben irgendwie, daß etwas Geheimnisvolles sie mehr verbindet, als das unter Männern gemeinhin als statthaft gilt.

Dabei geht es beileibe nicht um Sexuelles zwischen Personen des gleichen Geschlechts, Franz Biberkopf und Reinhold sind keineswegs homosexuell – nicht mal im weitesten Sinn haben sie Probleme in dieser Richtung, nichts deutet darauf hin. Auch nicht Reinholds eindeutig sexuelles Verhältnis mit einem Jungen im Gefängnis, wie glücklich Döblin diese Beziehung auch immer schildern mag. Mit dem, was da zwischen Franz und Reinhold war, hat das, behaupte ich, überhaupt nichts zu tun. Nein, das, was zwischen Franz und Reinhold ist, das ist nicht mehr und nicht weniger als eine reine, von nichts Gesellschaftlichem gefährdete Liebe. Das heißt, das ist es eigentlich. Aber natürlich sind beide, Reinhold noch mehr als Franz, gesellschaftliche Wesen und als solche selbstverständlich nicht in der Lage, diese Liebe auch nur zu verstehen, zu akzeptieren gar, sie einfach nur hinzunehmen, reicher und glücklicher zu werden an einer Liebe, die ohnehin allzu selten vorkommt unter den Menschen.

Und tatsächlich, versteht sich, was soll einem Wesen, das so erzogen wurde wie wir oder ähnlich, eine Liebe bedeuten, die zu keinen sichtbaren Ergebnissen führt, zu nichts, das vorzeigbar, ausbeutbar, also nützlich wäre? Solch eine Liebe muß, so traurig ist das mit der Liebe und so schrecklich, solch eine Liebe muß denen, die gelernt haben, daß Liebe benutzbar ist, nützlich zumindest, im Positiven wie auch im Negativen – auch das Leiden haben wir doch gelernt zu genießen –, solch eine

Liebe also muß angst machen, ganz einfach angst, und denen, versteht sich, meint uns. Jeden von uns.

So etwa, oder doch ähnlich, muß ich »Berlin Alexanderplatz« gelesen haben, damals, beim ersten Lesen. Und, um konkret zu werden, dieses Lesen hat mir geholfen, meine quälenden Ängste, von denen ich fast gelähmt war, die Angst, mir meine homosexuellen Sehnsüchte zuzugeben, meinen unterdrückten Bedürfnissen nachzugeben, dieses Lesen hat mir geholfen, nicht ganz und gar krank, verlogen, verzweifelt zu werden, es hat mir geholfen, nicht kaputtzugehen.

Etwa fünf Jahre später habe ich »Berlin Alexanderplatz« wieder gelesen. Diesmal hat mich etwas ganz anderes umgehauen oder wach gemacht für eine Erfahrung, die mir wiederum geholfen hat, vieles zu begreifen, von dem, was das ist: Ich – eine Erfahrung, die mir geholfen hat, nicht unbewußt etwas zu tun, das ich mal ganz salopp »ein Leben aus zweiter Hand zu leben« nennen möchte. Beim zweiten Lesen also wurde mir von Seite zu Seite mehr und mehr klar, staunend erst, dann mehr und mehr beängstigt, so betroffen zuletzt, daß ich beinahe gezwungen schien, Augen und Ohren zu schließen, zu verdrängen also, wurde mir klarer und klarer, daß ein riesiger Teil meiner selbst, meiner Verhaltensweisen, meiner Reaktionen, vieles eben, das ich für mich, für mich selbst gehalten hatte, nichts anderes war, als von Döblin in »Berlin Alexanderplatz« Beschriebenes.

Ich hatte also, ganz einfach, unbewußt Döblins Phantasie zu meinem Leben gemacht. Und doch, es war nicht zuletzt dann doch wieder der Roman, der mir dabei half, die folgende beängstigende Krise zu überwinden und an etwas zu arbeiten, was zuletzt, wie ich hoffe, relativ sehr das werden konnte, was man eine Identität nennt, soweit das in all dem verkorksten Dreck überhaupt möglich ist.

Als nächstes habe ich den »Alexanderplatz«-Film von Piel Jutzi gesehen, den ich, für sich selbst genommen, einen ganz guten, keineswegs schlechten Film fand. Döblins Roman allerdings hat man bei diesem Film ganz und gar vergessen. Buch und Film haben nichts zu tun miteinander. Jedes, auch der Film von Jutzi, gewiß, sind voneinander unabhängig eigene Kunst. Und da Film wohl doch das Medium ist, mit dem ich mich am meisten identifiziere, habe ich mich damals entschlossen, eines Tages, und warum erst eines Tages, das weiß ich nicht mehr, vielleicht, wenn ich genug können würde, den Versuch zu unternehmen, mit Döblins »Berlin Alexanderplatz« das Protokoll einer Beschäftigung mit dieser ganz speziellen Literatur mit meinen filmischen Mitteln letztlich wohl als Experiment zu wagen.

Es hat über zehn Jahre gedauert, bis es soweit kam. Und wenn die Situation nicht so gewesen wäre, wie sie war, ich mußte es machen, sonst hätte es ein anderer gemacht, hätte ich mir wohl noch einige Zeit mehr gelassen. Chronologisch aber geschah, daß ich in sehr vielen meiner Arbeiten der letzten zehn Jahre, viele, man könnte sagen Zitate aus Döblins Roman eingeflochten habe. Und dann irgendwann, der Grund war, es wurde ein Buch über mich gemacht, habe ich alle meine Filme an drei aufeinanderfolgenden Tagen gesehen. Und wieder – diesmal hat es mich sehr verblüfft – stellte ich fest, daß es wesentlich mehr Zitate gewesen waren, die es in meinen Arbeiten gab, und meist wieder unbewußt, als ich es geahnt hatte.

Da habe ich das Buch wieder gelesen, ich wollte jetzt genauer wissen, was da war, zwischen Alfred Döblins Roman und mir. Es wurde mir vieles klarer, Entscheidendes, aber das Wichtigste war wohl doch das Erkennen und das darauf folgende Eingestehen, daß dieser Roman, ein Werk der Kunst, für den Verlauf meines Lebens mitentscheidend war.

Gewiß würde jeder, der »Berlin Alexanderplatz« nicht gelesen hat, jetzt fragen, was muß das für eine Geschichte sein, die von Alfred Döblin hier erzählt wird, daß sie auch nur für einen einzigen Leser eine solch große, fast existentielle Bedeutung bekommen konnte, eine letztlich wohl doch recht ungewöhnliche Wirkung eines einzelnen Werkes der Kunst. Nun, so müßte man einem nach der Geschichte des Romans »Berlin Alexanderplatz« Fragenden ehrlich antworten, mit der Geschichte ist es eigentlich nicht so weit her. Eher im Gegenteil. Die Geschichte des ehemaligen Transportarbeiters Franz Biberkopf, wie der aus dem Gefängnis kommt, den Schwur ablegt, von nun an anständig zu bleiben, und wie ihm dieser Vorsatz nicht gelingt, das ist mehr eine teilweise unglaublich brutal aneinandergereihte Folge von wüsten kleinen Geschichten, von denen jede einzelne den obszönsten Boulevardblättern die aller-obszönsten Aufmacher liefern könnte. Das Wesentliche an »Berlin Alexanderplatz« ist also nicht seine Geschichte, das hat dieser Roman mit einigen anderen großen Romanen der Welt-literatur gemein, seine Konstruktion ist womöglich noch lächerlicher als die von Goethes »Wahlverwandtschaften« – das Wesentliche ist ganz einfach, wie das ungeheuerlich Banale und Unglaubwürdige an Handlung erzählt wird. Und mit welcher Haltung zu den Figuren des Geschehens, die der Autor dem Leser trist entblößt, während er ihn andererseits lernen läßt, eben diese bis zur Mittelmäßigkeit Entblößten mit allergrößter Zärtlichkeit zu sehen, sie zu lieben am Ende.

An dieser Stelle will ich doch kurz versuchen, die reine Hand-lung schlicht nachzuerzählen. Wie gesagt, der ehemalige Trans-portarbeiter Franz Biberkopf wird aus dem Gefängnis entlas-sen, wo er vier Jahre wegen Totschlags mit einem Sahneschlä-ger an seiner ehemaligen Freundin Ida saß, die in den wirt-schaftlich schweren zwanziger Jahren in Berlin für ihn auf den Strich gegangen war. Der entlassene Sträfling hat zuerst ge-wöhnliche Potenzschwierigkeiten, die er mit einer Fast-Verge-waltigung der Schwester seines Opfers verliert, so daß er darauf in der Lage ist, mit der polnischen Lina ein Verhältnis anzufan-gen, und das auf eine Art, daß sie's für Liebe halten könnte und Franz dazu bringt, den Schwur abzulegen, von nun an anstän-dig zu bleiben, so wahr … na ja.

Die wirtschaftlichen Verhältnisse sind katastrophal, alle Versu-che, eine stabile Basis zu schaffen, scheitern, seien es Schlips-halter, erotische Literatur, der »Völkische Beobachter«, der bringt ihm Schwierigkeiten mit früheren Freunden, Kommuni-sten, mit denen er mal gemeinsame Sache gemacht hatte, weil er sie mochte. Es bleiben Schnürsenkel, die braucht der Mensch immer, und die vertreibt er mit einem Onkel seiner Lina, bis der das Vertrauen, das Franz zu ihm hat, ausnutzt und eine Witwe, die der Franz glücklich gemacht und etwas Geld dafür bekommen hatte, erpreßt und bedroht. Franz, der uner-schütterlich an das Gute im Menschen glaubt, ist so verletzt, daß er sich zurückzieht von der Welt und den Menschen, wochenlang nichts tut als Saufen, dann aber doch zurückgeht ins Leben und zu den Menschen.

Da lernt er einen kennen, Reinhold heißt der und ist zwar ein kleiner Gangster, aber merkwürdig faszinierend irgendwo, so faszinierend, daß der Franz ein sonderliches Geschäft macht mit dem, er nimmt ihm die Frauen ab, diesem Reinhold, weil der die zu schnell überhat, die Weiber, das ist fast krankhaft bei dem, erst muß er eine haben auf Teufel komm raus und dann wieder loswerden, ganz plötzlich, sehr heftig, aber das fällt ihm schwer, trotzdem, da hat er Schwierigkeiten mit, aber der Franz, von dem er merkt, daß der irgendwie fasziniert ist von ihm, den er für etwas dumm hält zudem, der nimmt ihm die ab, die Weiber, erst eine, dann eine zweite, bei der dritten aber weigert er sich. Der Reinhold soll lernen, länger zusammenzubleiben mit einer, weil das gesund ist eben und das andere krank und weil der Franz dem Reinhold helfen will und das richtig. Und daß der das nicht verstehen kann erst mal und beleidigt ist, das versteht der Franz Biberkopf, das ist eben so.

Kurz darauf ergibt sich durch Zufall, daß Franz mitmacht bei einer Sache, die er für einen regulären Obsttransport hält und von der ihm plötzlich klarwird, daß sie ein Diebstahl ist. Er steht Schmiere, will weglaufen, was ihm nicht gelingt. Nachdem der Diebstahl geschehen ist, sitzt Franz mit Reinhold im Auto, als Reinhold plötzlich das Gefühl hat, sie würden verfolgt. Jetzt mischen sich Angst vor der Verfolgung und die Wut auf Franz bei Reinhold. Und dann, es hat etwas Schlafwandlerisches, schmeißt Reinhold Franz plötzlich aus dem Auto. Franz wird von dem nachfolgenden Fahrzeug überfahren, es muß so aussehen, als wäre er tot. Aber Franz Biberkopf ist nicht tot, er verliert nur seinen rechten Arm. Seine ehemalige Freundin Eva und deren Zuhälter päppeln ihn wieder hoch, ohne rechten Arm geht er wieder in die Stadt, lernt einen kleinen Gangster kennen, für den er Hehlereien begeht, die ihm einen gewissen Wohlstand bringen. Da bringt ihm diese Eva ein Mädchen, das er Mieze nennt und die, wie sich dann herausstellt, für Franz auf den Strich geht. Franz akzeptiert das, und eine Weile sind die beiden auch glücklich. Sie lieben sich. Aber Reinhold mischt sich auch in diese Beziehung, trifft Mieze mehrmals, bis er sie zuletzt tötet. Franz wird dieses Mordes wegen verhaftet, kommt in eine Irrenanstalt, wo er in einer längeren Phase eines in etwa »umgekehrten Prozesses der Katharsis« der Gesellschaft ein gemeines, brauchbares Mitglied wird. Es ist nichts Besonderes mehr mit ihm. Er wird wohl Nationalist werden, so sehr zerstört hat ihn die Begegnung mit Reinhold. Soweit die Geschichte.

Im ganzen nicht mehr als ein Dreigroschenroman, im einzelnen nicht mehr als eben eine Aneinanderreihung mehrerer Boulevard-Zeitungsanreißer. Was also macht diesen Plot zu etwas so Großem? Es ist das Wie, versteht sich. In »Berlin Alexanderplatz« wird auch den objektiv kleinsten und ganz einfach mittelmäßigen Emotionen, Gefühlen, Glücksmomenten, Sehnsüchten, Befriedigungen, Schmerzen, Ängsten, Bewußtseinsdefiziten gerade der scheinbar unscheinbaren, unwichtigen, unbedeutenden Individuen zugestanden, den sogenannten »Kleinen« wird hier die gleiche Größe zugebilligt, wie sie in der Kunst gemeinhin nur den sogenannten »Großen« zugebilligt wird. Den Menschen, von denen Döblin in »Berlin Alexanderplatz« erzählt, besonders natürlich dem Protagonisten, dem ehemaligen Transportarbeiter Franz Biberkopf, Zuhälter später, Totschläger, Dieb und wieder Zuhälter, wird ein derartig differenziertes Unterbewußtsein zugestanden, gepaart mit einer kaum glaublichen Phantasie und Leidensfähigkeit, wie es den meisten Figuren der Weltliteratur, natürlich immer nur soweit meine Kenntnisse hier reichen, so weitgehend nicht gegönnt wird, und wären es noch so Gebildete, kluge Intellektuelle, große Liebende, um nur auf einige Figuren hinzuweisen.

Döblins Haltung zu seinen Figuren, diesen objektiv gewiß armseligen und unbedeutenden Kreaturen, ist mit ziemlicher Sicherheit, so behaupte ich, auch wenn Döblin das mehrfach bestritten hat, von Sigmund Freuds Entdeckungen beeinflußt. »Berlin Alexanderplatz« wäre somit also wahrscheinlich der erste Versuch, Freudsche Erkenntnisse in Kunst umzusetzen. Das zuerst.

Zum zweiten erzählt Döblin jeden Handlungsfetzen, und wäre er noch so banal, als einen in sich bedeutungsvollen und großartigen Vorgang, als Teil einer nur scheinbar geheimnisvollen Mythologie zumeist, dann wieder als Übersetzung in religiöse Momente, seien es christliche, seien es jüdische.

Döblin hatte als einer, der vom jüdischen Glauben zum Katholizismus übergetreten ist, mehr Probleme mit der Religion, als das gemeinhin üblich ist. Vielleicht hat er deswegen versucht, dieser Probleme eben Herr zu werden, das in der Religion Besondere im Gewöhnlichen zu entdecken und es als solches zu erzählen.

Vereinfacht formuliert, bedeutet das wohl, daß kein Moment der Handlung, auch wenn dieses voll und ganz ausreichte, nur für sich selber steht, sondern eben auch noch ein Moment einer zweiten, anderen, undurchdringlicheren und geheimnisvolleren Erzählung ist, Teil also eines zweiten Romans im Roman oder vielleicht auch Teil einer Privatmythologie des Autors, aber das will ich im Moment nicht entscheiden müssen.

Zum dritten dann ist es die Erzähltechnik, die Döblin für »Berlin Alexanderplatz« erfunden, vielleicht auch nur gewählt hat. Im übrigen halte ich diese Fragestellung, erfunden oder nicht, keineswegs auch nur für wichtig, denn entscheidend ist doch, ob ein Autor die richtigen Mittel für seine Intentionen wählt, nicht, ob er auch noch deren Erfinder ist, das mag Literaturhistoriker beschäftigen, für den Leser spielt das keine Rolle, der hat das Glück, einen Roman zu lesen, für den der Autor die ihm adäquate Form gefunden hat, und das hat Alfred Döblin mit »Berlin Alexanderplatz« mit schlafwandlerischer Sicherheit getan. Und ob Döblin nun James Joyces »Ulysses« kannte, bevor er »Berlin Alexanderplatz« schrieb, oder ob er ihn nicht kannte, das macht seinen Roman nicht besser oder schlechter. Im übrigen könnte ich mir sehr gut vorstellen, daß zwei Autoren fast zur selben Zeit fast dieselben neuen Erzähltechniken erfinden, warum eigentlich nicht. Wie in der Geschichte selbst, wird auch in der Literaturgeschichte nicht alles aus sich selbst heraus erklärbar sein. Ein Geheimnis, und wäre es nur die Hoffnung, wird immer bleiben.

Spannender zudem als die Frage, ob Döblin den »Ulysses« kannte, finde ich die Idee, daß die Sprache in »Berlin Alexanderplatz« vom Rhythmus der S-Bahnen beeinflußt ist, die vor

Alfred Döblins Arbeitszimmer vorbeifuhren und -fuhren. Von solchen Dingen, Geräuschen der Großstadt meist, ihren spezifischen Rhythmen eben, ihrem stetigen Wahnsinn eines ewigen Hin und Her ist die Sprache wohl geprägt. Und vom bewußten Leben in einer Großstadt, einem ganz besonderen Wachsein für alles, was das eigentlich ist, in der Stadt leben, kommt mit Sicherheit auch die Collagetechnik, die Döblin hier, in seinem, einem der wenigen Großstadtromane überhaupt, die es gibt, verwendet. Leben in der Großstadt, das bedeutet ständigen Wechsel in der Aufmerksamkeit für Töne, Bilder, Bewegungen. Und so wechseln die Mittel der gewählten Erzählpartikel ähnlich, wie das Interesse eines wachen Bewohners einer Großstadt wechseln mag, ohne daß dieser wie die Erzählung sich selber als ihren Mittelpunkt verlöre.

Mehr und dann auch Genaueres zu Döblins spezifischem Erzählstil sollen andere sagen, ich kann nur darauf hinweisen, daß Döblin noch anderes geschrieben hat, Werke der Kunst, die möglicherweise späteren Generationen mehr bedeuten werden, die vielleicht einmal wichtiger sein werden, als es heute »Berlin Alexanderplatz« ist. Und daß Döblin gelesen wird, mehr, viel mehr als es bis heute geschieht, das kann ich mir wünschen. Den Lesern zuliebe. Und dem Leben.

März 1980

Vorbemerkungen
zu dem Spielfilm-Projekt »Kokain«

1. Der Film »Kokain« nach Pitigrilli wird ganz entschieden kein Film gegen oder für die Droge sein, »Kokain« wird ein Film über die Art und das Spezifische der Erfahrungen eines, der ständig unter dem Einfluß der Droge Kokain lebt.

Möglich, ziemlich gewiß sogar ist, daß ein relativ haltloser, ja exzessiver Genuß des Kokains über einen längeren Zeitraum hinweg das Leben dieser Personen, auf welche Art auch immer, verkürzen wird. Andererseits erlebt der Kokainist diese seine kürzere Lebenszeit wesentlich intensiver, phantasievoller, verschont zumeist von den grausamen Depressionen, die den »normalen« Menschen, mehr oder weniger heftig, häufig oder weniger häufig ganz plötzlich überfallen, gefährden, lebensgefährlich gefährden zuweilen, einer unbewußten Trauer zumindest, die sich wie eine Glasglocke über den Kopf stülpt, daß man Angst hat zu ersticken.

Kurz gesagt, die Entscheidung für ein kurzes, aber erfülltes Leben oder ein langes, aber dafür unbewußtes und im großen und ganzen entfremdetes Dasein soll das Publikum ganz und gar allein treffen. Mein Film wird dabei keinerlei Hilfestellung leisten.

2. Anders als in Pitigrillis Roman soll der Film »Kokain« aus einer Rückblende Tito Arnaudis während seines Komas in Neapel bestehen. In dieses Koma, diesen Fiebertraum zwischen Leben und Tod, hat Tito Arnaudi sich bewußt gebracht, indem er eine Überdosis der Droge Kokain genommen hat. Zwar würde er den Tod in Kauf nehmen, insgeheim spielt Tito Arnaudi aber eher mit der Möglichkeit zu überleben. Er verspielt jedoch und stirbt.

Natürlich ist die Entscheidung, die Erlebnisse des Tito Arnaudi als Fiebertraum im Koma zu erzählen, ein schlichter dramaturgischer Trick. Ein Trick allerdings, der jedwede Ausgefallenheit, jede eigenwillige Entscheidung für Motive, jeden wunderbaren Wahnsinn der Kostüme u. a. ermöglicht, ja geradezu verlangt, und nicht zuletzt dem Spiel der Darsteller eine notwendige Überzeichnung, eine spezifische Exzentrik erlaubt, wie sie der Kokainist im Rausch der Droge erlebt.

Aber nicht nur in Ausstattung, Kostümen oder der Darstellungsweise der Schauspieler soll der Film »Kokain« den ständig wechselnden Zuständen, Zuständen, die – extrem gesagt – von einem großen Desinteresse gegenüber allem bis zu leidenschaftlicher Lust an Phantasie und nimmermüder Arbeit reichen, gerecht werden, so wie der Kokainist sich und das Leben um ihn erlebt.

Ein Beispiel soll das zuvor Gesagte verdeutlichen. Das Kokain nämlich vereist das Gehirn, um so die Gedanken vom Unwesentlichen zu befreien, und befreit somit das Wesentliche, die Phantasie, die Konzentration u. a. Diese Vereisung des Gehirns, und das ist das Beispiel, soll ihre filmische Entsprechung darin finden, daß alles, was zu sehen ist, von einer Art Rauhreif, glitzerndem Eis überzogen ist, ob im Winter oder Sommer, Gläser und Fenster mit Eisblumen verziert sind und daß bei allen Darstellern, sei es auch im Sommer, in Innenmotiven, im Studio, beim Sprechen der Atem zu sehen ist, wie man es sonst nur bei klirrender Kälte kennt.

3. Da vieles in Pitigrillis Roman, mehr oder weniger, innere Monologe sind, sehe ich mich gezwungen, die eine oder andere Rolle zu vergrößern, ja selbst neue Figuren müssen erfunden werden. Selbstverständlich wird dadurch die Struktur des Romans in gewisser Weise verändert. Aber diese Änderungen kommen dem Film ganz entscheidend zugute und dadurch zuletzt auch dem Roman.

Aus verschiedenen Gründen sollen im Film zudem einige Schauplätze der Handlung an anderen Orten gedreht werden. Statt Genua, das an entscheidenden Punkten von Neubauten verschandelt worden ist, habe ich mich für Neapel entschieden.

Bordeaux kenne ich nicht, aber Lyon hat noch heute vieles von dem, was in meinen Film paßt. Statt in Buenos Aires möchte ich aus mancherlei Gründen in Brasilien und dort wahrscheinlich in Bahia drehen, wo auch die Szenen, die im Roman in Afrika angesiedelt sind, spielen. Wir sparen dadurch nicht nur einen Drehort, sondern auch die Reise nach Südamerika wird sich dadurch entscheidend lohnen.

4. Abgesehen davon, daß es bislang keinen wirklich vergleichbaren Film gibt, der meiner Vorstellung von »Kokain« ähnlich wäre, so gibt es doch mit »Amarcord« von Fellini, »Salo« von Pasolini, »Im Reich der Sinne« von Oshima und meinem 14. Teil von »Berlin Alexanderplatz« Filme, die etwas von meiner Vorstellung von »Kokain« vermitteln können.

1980

Michael Curtiz – Anarchist in Hollywood?

Ungeordnete Gedanken zu einer scheinbar paradoxen Idee

Dezember 80. Ich beginne meine Überlegungen über den Filmemacher Michael Curtiz und sein Werk mit einem, zum jetzigen Zeitpunkt ausdrücklich beabsichtigten, Informationsdefizit, die konkret erreichbaren Fakten des Lebens und Schaffens dieses Regisseurs betreffend.

Ich will zu Anfang meiner Überlegungen zu Curtiz, dem, wie ich zur Zeit glaube, wohl mit der größten Brutalität mißachteten Filmautor, mich mit nichts als seinen mir bis heute zugänglichen Filmen beschäftigen.

Natürlich weiß ich, daß Michael Curtiz aus Ungarn stammt, wo er unter seinem Geburtsnamen Michael Kertész wahrscheinlich an die fünfzig Filme machte, bevor er nach Amerika ging, um dort als Michael Curtiz wohl um die hundert Filme, meist B-Pictures, zu drehen.

Aber ich weiß nichts über seine ungarischen Arbeiten, nicht seinen Grund, Ungarn zu verlassen, um nach Amerika zu gehen. Kenne keine Daten, keine Interviews, Aufsätze über Curtiz, keine bedeutenden, wesentlichen Kritiken zu einzelnen Werken, nichts Sekundäres also, nichts Primäres als ein paar Filme.

Im jetzigen Stadium, wohlgemerkt, das wird sich ändern, versteht sich, aber in diesem Augenblick stützen sich meine Gedanken auf ca. 35 Filme, einer wilden, zufälligen, keineswegs irgendwie gezielten Auswahl.

Beinahe ein jeder, dem das Kino, der Film an sich, etwas der Liebe, Zärtlichkeit und Wollust Ähnliches bedeutet, kennt den mittlerweile zum Kultfilm gewordenen Humphrey-Bogart-Film »Casablanca« mit Ingrid Bergman. Ich bin überzeugt, nur wenige wissen, daß »Casablanca« von Michael Curtiz ist. Und jene, die darüber Bescheid wissen, glauben, daß Michael Curtiz hier eher zufällig ein Meisterwerk geglückt ist. Diese verbreitete Ansicht unter den Cinephilen aber ist falsch und ungerecht, es gibt Besseres von Michael Curtiz, obwohl der Dialog eines alten deutschen Ehepaares, das nach Amerika emigrieren will und zu diesem Zwecke fleißig Englisch lernt – »What's the watch?« »Ten watch.« »Such much?« –, in seiner Einfachheit und Schönheit unvergeßlich ist, einer der schönsten Dialoge der Filmgeschichte überhaupt. Von Michael Curtiz aber gibt es wichtigere Dinge als den Humphrey-Bogart-Film »Casablanca«.

Mit dem Anarchismus ist das so eine Sache. Heliogabal, der einzige Anarchist auf dem Kaiserthron des »Heiligen Römischen Reiches«, mußte scheitern. Innerhalb eines, wie auch immer, funktionierenden Systems kann lediglich ein Mächtiger seinen wahren Bedürfnissen nachgehen, Anarchist sein, eben. Andererseits weist die Tatsache, daß dies von Regeln befreite Handeln eines Einzelnen, Mächtigen, zumindest zwei Gefahren in sich birgt. Zum einen werden Menschen, die nichts gelernt haben, als sich gesellschaftskonform zu verhalten, von den Wünschen und Handlungen dieses Einzelnen verstört, abgestoßen, wenn sie ihn nicht ohnehin für geisteskrank halten. Zum zweiten wird ihnen ihr System, innerhalb dessen sie brauchbar sind und sich zu verhalten wissen, als Das Richtige und Wahre bestätigt und ihnen so Angst vor ihren wirklichen Wünschen gemacht. Sie werden vor ihren eigentlichen Bedürfnissen erschrecken. Ihre Phantasie wird getötet, sie werden die Träume von der Freiheit des schönen Wahnsinns mit Macht identifizieren und so ihre traurigen Ohnmachten verfestigen, bis sie sich zuletzt ihrer Träume schämen werden.

Ganz anders dagegen die, zugegeben von mir vorerst lediglich voller Hoffnung angenommene, Anarchie im Werk des Michael Curtiz. Obwohl ich einerseits fast sicher bin, daß Curtiz den Gedanken, Anarchist zu sein, mit echter Überzeugung bestritten, wenn nicht gar lächerlich gefunden hätte, wage ich andererseits mit großem Ernst die Frage zu stellen, ob nicht eben dieser Michael Curtiz möglicherweise ein Gesamtwerk, bestehend aus mehr oder weniger, natürlich den verschiedensten

Geschmäckern preisgegebenen, guten und auch umstrittenen Einzelheiten, hinterlassen hat, daß also Curtiz Filme schuf, die, so verschieden sie auch im flüchtigen Vorbeigehen erscheinen mögen, im Ganzen aber doch ein eigenes Bild der Welt erkennen lassen, wo jeder einzelne Film, ja jede einzelne Sequenz dieser Filme so etwas wie ein gleichwertiger Baustein der spezifischen Weltsicht des Michael Curtiz ist.

Dezember 1980

Hanna Schygulla

Kein Star, nur ein schwacher Mensch wie wir alle
(unordentliche Gedanken über eine Frau, die interessiert)

Erzählen will ich eigentlich vom absoluten Beginn, vom Kennenlernen der Hanna Schygulla und mir also, den ersten gemeinsamen Zusammenarbeiten und deren Umständen.
Das meiste läßt sich dann eigentlich im Grunde, mit den selbstverständlichen, aber gar nicht so großen Unterschieden, übersetzen in unsere heutige Beziehung und Zusammenarbeit, auch unter dem Aspekt des mehr oder weniger geglückten Versuchs einer offiziösen Außenwelt, frei verfügbare Chiffren, käufliche Ware aus uns zu machen.
Kennengelernt haben wir uns auf einer der viel zu vielen Münchner Schauspielschulen, von denen die meisten lediglich zu dem Zweck existieren, die übermenschliche Sehnsucht unzähliger Mädchen und Jungen nach den Brettern, die die Welt bedeuten, zu schüren und sie so in bar auszubeuten.
Meine Gründe, diese Schule zu besuchen, und die der Hanna Schygulla, unterscheiden sich jedoch weitgehend von denen unserer Kollegen.
Die Bühne, das Theater, Schauspieler zu werden um jeden Preis, waren unsere Gründe nicht, Schauspielunterricht (der im übrigen recht teuer, in keinem Verhältnis zu den Einnahmen junger Menschen war, versteht sich), bestehend aus Sprach- und Atemunterricht, Rollenstudium und einem Etüdenabend, der einmal in der Woche, jeden Mittwochabend, stattfand, wo sich alle Mitschüler trafen, um gemeinsam etwas zu versuchen, was man sich als freies Improvisieren zu einem vorgegebenen Thema vorstellen muß.
Speziell diese Abende waren Lehrstunden tiefster Verzweiflung einerseits und von brutalstem Sadismus andererseits.
So gnadenlos habe ich später selten Menschen andere Men-

schen verspotten und verachten erlebt. Allein daran, daß es den Lehrern nicht gelang – falls nicht ein simples Desinteresse ihre Sinne längst abgetötet hatte –, die Schüler das eigentlich Selbstverständlichste zu lehren, die Achtung des Menschen nämlich vor der Würde des anderen, wäre ihre Unfähigkeit, einer Anzahl junger Menschen das notwendige Vorbild sein zu können, leicht absehbar gewesen. Aber aus dieser Erkenntnis hätte ein jeder Schlüsse ziehen, sich entschieden verhalten müssen. Davor, versteht sich, hatte ein jeder Angst.

Nun, mein Grund, diese Schule trotzdem weiter zu besuchen, ist einfach erklärt. Ich wollte Filme machen, seit ich über meine Zukunft nachdachte.

Filmhochschulen gab es damals noch nicht, für Regieassistenzen war ich denkbar ungeeignet, da mir fast jede Kameraposition, jede Kamerabewegung, jede Regieanweisung lächerlich und gleichzeitig falsch erschien, aber mich einzumischen, dies und jenes zu diskutieren, gab ich schon sehr bald auf, nachdem einige zaghafte Versuche als schlicht lästige Störungen der Arbeit abgeschmettert worden waren. Also hab ich ein bißchen Ton gemacht, habe gelernt, den Schneidetisch zu bedienen, habe bei Requisite und Ausstattung geholfen, als wahres Lernen des Filmemachens allerdings betrachtete ich das systematische Sehen von etwa drei bis vier Filmen pro Tag.

Da kam eines Tages das Gerücht auf, daß in etwa zwei bis drei Jahren in Berlin eine Filmhochschule gegründet werden solle. Allerdings, so hieß es, würde mit ziemlicher Sicherheit irgendein echter Abschluß, welcher Art auch immer, als Voraussetzung zu einer eventuellen Aufnahme notwendig sein.

So habe ich mich, in Ermangelung sonstiger Ideen, bei einer Schauspielschule beworben und wurde, bedenkt man das wie gesagt nicht geringe Schulgeld, dann versteht es sich vielleicht von selbst, auch angenommen.

Hanna Schygulla wiederum studierte Germanistik und, wenn ich mich recht erinnere, Englisch und Französisch. Sie wollte wohl Lehrerin werden. Aber irgendwann begann sie sich zu langweilen, ihr Leben schien ihr zu geheimnislos, zu vorgezeichnet, zu lustlos, unfrei, zu eng.

Da nahm Hanna Schygulla nebenbei, ihre Eltern waren heftig

dagegen, heimlich Schauspielunterricht, um etwas mehr über sich und ihre wahren Bedürfnisse zu erfahren. Sie ging also in die Schauspielschule, fast wie man zu einem Psychoanalytiker geht. Natürlich hat es nicht allzulang gedauert, bis die Schygulla den Schwindel durchschaut hatte und sehr traurig und ziemlich enttäuscht der Schule den Rücken kehrte. Es hat wohl kaum ein Jahr gedauert bis dahin.

Sonderbarerweise galten Hanna Schygulla und ich, wenngleich wir beide auch recht bald als relativ unfolgsame, das heißt ausgesprochen kritische Außenseiter entlarvt waren, doch für die interessantesten Begabungen auf der Schule, zwar schwierig, aber eben von hoffnungsvollstem, wenn auch abnormem, eher beängstigendem Talent.

Das mag merkwürdig klingen, ist aber retrospektiv betrachtet von einfacher Logik. Natürlich waren die Schüler, deren Ziel absolut nicht das Theaterspielen war, die heimlich interessierteren und somit auch die interessanteren, da diese, also Hanna Schygulla und ich, unsere Aufmerksamkeit voll und ganz auf die Verhaltensweisen unserer Mitschüler und Lehrer richten konnten, da wir uns eben nicht unter Aufsicht begeben mußten wie die anderen, die, willenlos fast, von meist krankhafter Sehnsucht blind und taub geworden waren.

Nach den mittwöchlichen »Etuden« tranken die Schüler oft zwei, drei Glas Wein in irgendeiner billigen Kneipe.

Hauptthema waren ihre Hoffnungen auf ein Engagement, ihre Vorstellungen und Sehnsüchte nach einer Schauspielerkarriere, aber auch ihre unterschiedlichen Ängste, die daraus entstehenden Lähmungen und Phantasien, die nicht selten Selbstmordgedanken nach sich zogen.

Hanna Schygulla und ich sprachen kaum, beobachteten in erster Linie die Sprechenden und versuchten beide, wie ich glaube, das Gesprochene zu analysieren. Nur ganz selten an diesen Abenden sagten wir auch was. Sie erzählte von Literatur und dem Leben, ich vom Film und dem Leben.

Kaum einer jedoch interessierte sich für die Gedanken der Schygulla oder die meinen.

An einem dieser Abende wurde mir ganz plötzlich, von einer Sekunde auf die andere, wie von einem Blitz getroffen, glasklar, daß die Schygulla einmal der Star meiner Filme, und daß ich Filme machen würde, bezweifelte ich keinen Augenblick, werden würde, ein wesentlicher Eckpfeiler möglicherweise, vielleicht gar so etwas wie ein Motor.

Die Schygulla hat von diesem Gedanken mit Sicherheit nichts geahnt, während ich mir meiner Sache bombensicher war, ich habe allerdings, nicht einmal andeutungsweise, mit der Schygulla darüber gesprochen, mag sein aus Feigheit, mag sein aus unerschütterlicher Sicherheit, daß meine Wünsche, meine Bedürfnisse sich früher oder später, wie verrückt oder hochmütig es heute auch klingen mag, erfüllen würden. Dazu kam, daß die Schygulla und ich von einer Art Einigkeit waren, die keiner Worte bedurfte.

Wir haben anfangs kaum, am Anfang der Theaterarbeit ein wenig mehr, später dann wieder weniger, so gut wie gar nicht miteinander gesprochen.

Im übrigen bin ich sicher, daß die Schygulla und ich in all den Jahren keinen, wirklich nicht einen einzigen privaten Satz gewechselt haben – egal.

Kurz darauf verließ Hanna Schygulla die Schule, um ausschließlich ihr Studium fortzusetzen, was aber meinen Entschluß, die Schygulla betreffend, keineswegs verunsicherte. Die Aufnahmeprüfung an der Filmhochschule in Berlin übrigens habe ich trotz abgeschlossener Schauspielschule nicht bestanden. Gott sei Dank finanzierte mir ein Freund, ein ehemaliger Schauspieler, bald nach meiner beschämenden und traurigen Niederlage in Berlin, zwei Kurzfilme.

Im ersten gab es keine Rolle für Hanna Schygulla, dafür im zweiten. Aber ich hatte im Lauf der Jahre ihren Namen vergessen. Die Schauspielschule, wo man mir sicher hätte helfen können, war mittlerweile, genügend persönliche Verletzungen hatten mich soweit gebracht, unumstößliches Tabu für mich, und auch bei mehrmaligen Besuchen in der Universität konnte ich sie nicht finden. So drehte ich auch meinen zweiten Kurzfilm ohne Hanna Schygulla.

Kurz darauf schwappte die erste Welle des »Jungen Deutschen Films« über die bundesdeutschen Feuilletons, es wurden Filme zuhauf gedreht, aber nach einer von Zeitung zu Zeitung unterschiedlich langen Phase der Euphorie setzte ein allgemeiner Katzenjammer ein, der nicht nur mir die Hoffnung raubte, eine funktionierende neue deutsche Filmindustrie würde im Begriff sein zu entstehen, eine Industrie, in der auch ich mir die Chance, auf normalem Weg Filmregisseur zu werden, einer eben, der Filme macht, erhofft hatte.

Um so tiefer nun war der Fall, um so radikaler der Einsturz meines Wunschgebildes. Alle Hoffnungen waren jetzt, da die erste Welle des »Jungen Deutschen Films«, die so viele Jahre manchem Halt, anderen Hoffnung war, fast beschämend deutlich mehr Verkrampfung als Befreiung, mehr Lähmung als Leben, mehr Versprechungen als Erfüllungen offenbart hatte, was meine Hoffnung auf eine entstehende neue deutsche Filmindustrie fast ins Bodenlose fallen ließ, all meine Gedanken lähmte und eine graue, nicht mehr zu steuernde Depression auslöste.

In dieser Situation besuchte mich eines Tages Marite Greiselis, die angenehmste und, im positiven Sinn, verrückteste Mitschülerin der Schauspielschule, die schon in meinem zweiten Kurzfilm die Rolle, die eigentlich der Schygulla zugedacht war, gespielt hatte, und bat mich, sie in einem kleinen Theater als Antigone von Sophokles in einer aufregenden Aufführung zu sehen, in einem Theater, das nicht in Schwabing, sondern in der Innenstadt war, vielleicht der wichtigste Grund, der mich versprechen ließ zu kommen und warum ich dann tatsächlich hinging, weil das Theater eben nicht in Schwabing war.

Die Aufführung, die ich dann sah, faszinierte mich zu meiner eigenen Überraschung ungemein.

Nichts langweilt mich gewöhnlich mehr als die normalen gediegenen Theateraufführungen, mögen sie das auch auf hoher oder höchster Ebene sein. Hier jedoch erregte mich das, was auf der Bühne geschah, wie es geschah und was dadurch im Zuschauerraum ausgelöst wurde, eigentlich ganz gegen meinen Willen so konkret, daß es mir fast den Atem raubte. Zwischen den Schauspielern und dem Publikum entstand etwas wie Trance, etwas wie eine kollektive Sehnsucht nach revolutionärer Utopie.

Noch während der Vorstellung stand mein unabänderlicher

Entschluß fest, hier, in diesem Theater, in dieser Gruppe mitzuarbeiten, ohne auch nur von geringstem Zweifel daran geplagt, daß man mich etwa ablehnen könnte; ein Entschluß von fast schlichter Naivität.

Nach der Vorstellung traf sich an der Bar des kleinen Theaters eine gesunde Mischung aus Schauspielern und Publikum.

Es hat wohl in der Mehrheit der Gruppe große Ablehnung gegen mich gegeben, aber da außer Marite Greiselis, die ja als Freundin eigentlich nicht zählte, der Regisseur der »Antigone«, Peer Raben, und die Leiterin des Theaters, Ursula Strätz, beide ohne den geringsten Schatten des Zweifels eine große künstlerische Potenz in mir entdeckten, boten diese beiden mir in ihrer nächsten geplanten Produktion, »Astutuli« von Carl Orff, eine Hauptrolle an.

Der Haß des einen oder anderen brach nun offen aus, aber diese Widerstände machten mir die ganze Sache nur noch spannender und gaben mir mehr Kräfte, allen möglichen Schwierigkeiten relativ locker, fast mit Humor zu begegnen. Sehr bald, schon nach zwei oder drei Tagen, brach sich einer der Antigone-Darsteller einige Finger, und als mich Peer Raben fragte, ob ich bereit wäre, diese Rolle schon am nächsten Abend, Spielausfälle nämlich gefährdeten ganz konkret die Existenz des »Action-Theaters«, zu übernehmen, da sagte ich sofort zu.

Meine persönliche Theaterpremiere am nächsten Tag dann war allerdings so grausam, daß sie fast schon wieder komisch war. Und so ging alles weiter.

Wieder einige Tage später passierte nach der Vorstellung, als auch die letzten Zuschauer das Theater verlassen hatten, ein Eifersuchtsdrama, dessen Folgen einerseits unverständlich hart, andererseits endgültig waren.

Ein Kollege stach mit einem Fahrtenmesser auf seine damalige Geliebte Marite Greiselis blindwütig und rasend ein, seine blinde Raserei war so groß, daß er nicht einmal mehr reagierte, als ihm einer mit äußerster Wucht einen Stuhl über den Schädel schlug. Er erhielt die Höchststrafe für dieses Delikt, 10 Jahre Zuchthaus, Marite Greiselis sitzt seither querschnittgelähmt in einem Rollstuhl.

But the show must go on. Und da sonst keiner eine Idee für einen Antigone-Ersatz hatte, fiel mir wieder Hanna Schygulla ein, und diesmal hatte ich Glück, ich begegnete ihr in den endlosen Gängen der Universität, und es gelang mir sogar, unter Einsatz all meiner Überredungskünste, sie nach Ewigkeiten dazu zu bringen, wenigstens eine Probe mit Peer Raben zu machen und erst danach zu entscheiden, ob sie mit der Sache was anfangen könne, d. h., wie sie immer wieder betonte, ob es ihrer persönlichen Entwicklung förderlich sei. Die Schygulla kam also zur Probe, und da die für das Bestehen des Theaters fast lebenswichtige Besetzung der Antigone allen Kollegen in ihrer Bedeutung klar war, wurde sie von jedermann wie ein rohes Ei behandelt, ganz so, als hinge jedermanns Existenz allein von ihr ab.

So simpel, so einfach begann der später oft so problematische Sonderstatus der Hanna Schygulla innerhalb der Gruppe.

Gott sei Dank gefiel ihr Peer Rabens Auflösung des antiken Stoffes, so daß wir drei Tage später in der Lage waren, das Theater wieder zu öffnen, mit Hanna Schygulla als eine der Antigones. Ihre Leistung, das wurde von allen neidlos anerkannt, war schlicht großartig, von ungemeiner Intensität und Trauer. Sie war so gut, daß ihr Mitwirken in der »Antigone« die ganze Vorstellung noch intensiver, in sich geschlossener und somit auch schlüssiger machte. Andererseits begann sie sehr bald und unverhältnismäßig angestrengt, daß jedermann glauben mußte, sie habe Angst davor, ihre Identität zu gefährden, damit, jeden einzelnen der Gruppe immer wieder darauf hinzuweisen, daß sie kein Mitglied der Gruppe sei und auch keinesfalls vorhabe, jemals eines zu werden. Es verstehe sich daher von selbst, daß die Automatik, wie sie ansonsten für alle Mitglieder der Gruppe galt, den Bedürfnissen des Theaters gehorchend, jeder geplanten Produktion in jedweder notwendigen Position zur Verfügung zu stehen, es sei denn, ein wesentlicher, jedem einsichtiger Grund stehe dem im Wege, eben diese Automatik würde von ihr um keinen Preis akzeptiert.

Im Gegenteil, sie nähme für sich in Anspruch, nur dann wieder mitzuarbeiten, wenn Rolle und Konzeption der Inszenierung sie genügend interessierten.

Sonstige, gleichermaßen wichtige Arbeiten wie etwa Werbung etc. kämen für sie ohnehin nicht in Frage.

Bei dieser Haltung der Hanna Schygulla, die sie im übrigen mit der Wichtigkeit ihres Studiums und der Entscheidung, Lehrerin zu werden, begründete, was sie für wesentlicher und nicht zuletzt auch für revolutionärer als das Theatermachen ansähe, war klar, daß die anderen fast ausnahmslos ihr Gastspiel im Action-Theater, wenn auch ihre besondere, kaum formulierbare Qualität auf der Bühne von ausnahmslos allen gleichermaßen anerkannt wurde, als einmalig betrachteten, da eine Fortsetzung der Zusammenarbeit mit jemand, der eine solche Haltung vertrat, jedwede Gruppen-Utopie ernsthaft gefährde.

Lediglich Peer Raben und ich, ohne uns besonders angestrengt oder dringlich in die Diskussion einzumischen, im übrigen beide keineswegs Gegner des Zustandekommens von Gruppenarbeit, waren der Ansicht, daß eine in sich gefestigte, glücklich funktionierende Gruppe durch die Mitarbeit vereinzelter Kollegen mit der Haltung, wie sie Hanna Schygulla sympathischerweise ganz eindeutig vertrat, keineswegs gefährdet werden könne, im Gegenteil, nur so könne die Gruppe sich ihrer Kraft, ihrer Überlegenheit gegenüber dem gewöhnlichen hierarchischen System bewußt werden. Nur im Konflikt könnte sich das individuelle Glück in der Befreiung des einzelnen durch die gleichwertige kollektive Zusammenarbeit in der Gruppe erweisen und bestätigen. Es waren übrigens Peer Raben und ich, die noch Jahre später, als alle anderen längst (aus den verschiedensten Gründen, die von schlichter Faulheit bis zu echter Trauer und existentieller Enttäuschung über jedes weitere Scheitern jedes neuen Gruppenversuchs reichen) die schönen Ideen der Zusammenarbeit in der Gruppe vergessen, zumindest aber verdrängt haben, also Raben und ich haben immer wieder, allen Rückschlägen zum Trotz, versucht, Gruppen entstehen zu lassen, während ich zudem die Behauptung wage, daß von all den vielen, die einmal gemeinsam antraten, den Beweis der machbaren Utopie zu erbringen, außer Peer Raben und mir vielleicht noch Ingrid Caven übriggeblieben ist. Auch Hanna Schygulla, die zwischenzeitlich einen Raum für die Hoffnung entdeckt zu haben schien, hat statt der Befreiung der

Phantasie vieler doch nur die Befriedigung der eigenen Eitelkeit gemeint. Das aber sollte, bitte, keinesfalls als Diffamierung verstanden werden, sondern als das, als was es gemeint ist; Hanna Schygulla ist, in vielem übrigens, wie ich meine, im Grunde glücklicherweise nicht toller, nicht weiter, nicht großartiger als die meisten Menschen, hier wie dort.

Und ob im übrigen das Festhalten an alten Idealen, oftmals womöglich wider besseres Wissen, womöglich krankhaft, nun soviel positiver ist als das vielleicht sehr schmerzhafte Anerkennen einer illusionslosen Wirklichkeit, gepaart mit dem hilfreichen Arrangement mit einer Realität, die sich der Träume, die man von ihr hatte, entledigt hat, sei dahingestellt. So what?

Zurück zu den wahren Geschichten. Wie es also der Lauf der Dinge will, war die »Antigone« des Peer Raben eines Tages abgespielt, die Proben zu seinem »Astutuli« hatte er längst unter irgendeiner fadenscheinigen Ausrede abgebrochen und sich statt dessen lustvoll meiner scheinbar stärkeren, unbedingteren Energie ergeben.

Und aus zwei Gründen, zum einen, weil mein Drang, etwas zu machen, unzähmbar war, zum anderen, weil die Gruppe in einer gewissen Pfadfinderseligkeit schwelgte, so wurde z. B. manche Nacht zur Klampfe gesungen, und ein relativ hirnloses Gefühl einer Art schwammiger Zusammengehörigkeit breitete sich hemmungslos aus.

Da gab es also eine Anzahl von Leuten, die sich ursprünglich zusammengetan hatten, gemeinsam etwas auf die Beine zu stellen, und da einer der Gründe, warum die Leute sich einst zusammengetan hatten, der war, daß es da einen Raum, ein Theater gab, wollte man eben gemeinsam Theater machen, wollten sie sogar eine Gruppe werden, die unter ganz neuen, befreiten, unter nicht hierarchischen Bedingungen zusammen arbeiten kann.

Zudem war manchen, immerhin der Mehrheit der Gruppe, sogar das Theater, und dies nicht nur zum Spaß, sondern im Gegenteil, der Raum Wohnzimmer, Kneipe, Schlafzimmer geworden, hier verbrachten sie ihre Zeit, rund um die Uhr; dennoch vergaß dieser Teil der Gruppe bald völlig, daß in solch einem Raum Kosten anfallen, regelmäßige, wie Miete, Strom, Telefon, zusätzliche Kosten zudem für Essen, Trinken, Zigaretten etc., und hin und wieder brauchte der eine oder der andere auch eine neue Unterhose, oder Socken, was weiß ich.

Über diesen Aspekt des Ganzen, wie sich dies alles finanzieren sollte, wenn nicht produziert wird, machte sich wohl keiner Gedanken, das waren eben die Verpflichtungen, die Ursula Strätz als Theaterleiterin eingegangen war.

Für die Verpflegung sorgten die zwei, drei Gruppenmitglieder, die außerhalb des Theaters mehr oder weniger gut bezahlten Jobs nachgingen. Auf den naheliegendsten Gedanken, daß ein Theater eben nur dann eine Chance hat, sich halbwegs zu tragen, wenn es bespielt wird, kam speziell der Teil der Gruppe, der das Theater als angenehmes, günstiges, zentral gelegenes Zuhause nutzte, absolut nicht.

Ursula Strätz trank damals zuviel, was bei ihr den Effekt erzielte, daß sie viel zu viele, und unter dem Vielzuvielen zu viele abwegige Ideen produzierte, was im Ergebnis fast auf dasselbe hinausläuft, nämlich keine Ideen zu haben. Und die zwei, drei Kollegen, die unabhängig davon, daß sie die finanzielle Situation überblickten, auch noch ein echtes, für meinen Geschmack allerdings zu vages Bedürfnis hatten, Theater zu spielen, erschienen mir im Grunde dann doch wieder zu faul letztlich oder zu bequem, um initiative Ideen zu entwickeln und für diese auch noch womöglich zu kämpfen.

Ich hatte fast das Gefühl, sie verließen sich, bewußt oder unbewußt, auf meinen möglicherweise krankhaften Drang zu handeln, wenngleich ich, soweit es mir irgend möglich war, versuchte, dieses mein dringendes Bedürfnis, etwas zu machen, offenbar erfolglos zu verheimlichen, meinen Drang, in Gang zu setzen, zu machen, ganz einfach – zu tun. Ohne Pause am liebsten, ständig, haltlos, wahrscheinlich doch krankhaft.

Und als dann zu lange, so lange, daß ichs nicht mehr aushalten konnte, nichts geschah, machte ich den Vorschlag, »Leonce und Lena« als nächste Produktion herauszubringen. Erstens liebe ich das Stück, zweitens hatte es mit der damaligen politischen Situation zu tun, ohne daß man es krampfhaft hätte aktualisieren müssen, um dann wieder, bei aller Ernsthaftigkeit, leicht, lustig, fröhlich in aller Traurigkeit zu sein.

Zudem hatte das Stück, wenn schon, denn schon, im Valerio eine der wenigen tausendprozentigen Rollen für mich. Ich versuchte lange, gleichermaßen ausdauernd wie erfolglos, Hanna Schygulla davon zu überzeugen, wie schön und wie wichtig, gerade auch für ihre persönliche Entwicklung, die Rolle der Lena wäre. Letztlich aber hatte ich den Argumenten der Schygulla nichts mehr entgegenzusetzen.

Die Rolle der Lena sei winzig, nichts weiter im Grunde als eine dramaturgische Notwendigkeit. Wenn ich ehrlich sei, müsse ich doch zugeben, »Leonce und Lena« ist ein Männerstück, die Frauen seien doch lediglich Staffage, Statisterie fast. Sie, Hanna Schygulla, wolle sich entwickeln, und zwar nach vorn, wolle etwas über sich erfahren, etwas Neues, darum ginge es ihr, das wüßte ich doch, nicht etwa darum, als hübsche Larve auf der Bühne sich zu verlieren.

»Leonce und Lena« kam ohne Hanna Schygulla auf die Bühne, was mir innerhalb der Gruppe immerhin dumme, irrationale, unsachliche Diskussionen ersparte.

Um der Gruppe andererseits die Chance, eine Gruppe zu werden, zu geben, schlug ich vor, daß mindestens drei oder vier Kollegen gemeinsam an der Regie für »Leonce und Lena« arbeiten sollten, ein Prinzip, das dann ja später ausgebaut und erweitert werden könne.

Für den Anfang jedoch war wohl jedermann einsichtig genug, daß gerade gemeinsame Regiearbeit erst gelernt werden müsse, ganz langsam, ganz vorsichtig zuerst, mit der Hoffnung, vorhandene, verschüttete Zärtlichkeiten freizusetzen, die eine Fortsetzung oder gar eine Erweiterung der Gemeinschaftsideen erst ermöglichen können.

Die Zusammensetzung des Regieteams war günstig. Sie machte nach außen hin was her, bei der Arbeit jedoch hat mich keiner behindert.

Das Team setzte sich aus Peer Raben, der ohnehin den Mund hielt, Ursula Strätz, deren Vorschläge so undurchdacht wie gleichzeitig undurchführbar waren, zusammen. Immerhin hatte die Strätz genug Humor, daß man ohne lange Diskussionen herzhaft mit ihr über ihre eigenen Idiotien lachen konnte.

Die vierte, neben mir, war die Schauspielerin Christin Peterson, die die Lena spielte.

Christin hielt sich von Beginn an vornehm zurück. Zusätzlich hatte ich bald den glücklichen Einfall, daß sämtliche Schauspieler ständig auf der Bühne sein müssen, um dort die verschiedensten Funktionen zu übernehmen. Und da Christin die Lena, die Strätz ihre Gouvernante, Peer Raben den Leonce spielte, sich aber von der Bühne aus schwer inszenieren läßt, andererseits natürlich ein Beobachter unten sitzen muß, um zu beurteilen, ob sich die erwünschten Ideen auch übertragen, habe ich mich für diesen Posten »geopfert«. Ohnehin probiere ich als Schauspieler besonders ungern.

Das erste Mal, das ich mitspielte, war bei der Premiere. Wir hatten einen rauschenden Applaus, besonders meine Leistung wurde in den meisten Rezensionen lobend erwähnt. Das mag zweierlei Gründe gehabt haben, zum einen war natürlich alles, was ich auf der Bühne trieb, locker und frisch, ganz so, als täte ichs geradewegs zum ersten Mal.

Niemand konnte wissen, daß sein Eindruck ganz und gar der Wirklichkeit entsprach, zum zweiten spielte ich den Valerio mit einer direkten, wohl bis an die Grenzen des Möglichen gehenden Aggressivität gegen das Publikum, was wohl aus der Befürchtung entstanden ist, das Publikum könne mich nicht mögen, also zeige ich ihm, daß ich es gleich zehnmal nicht mag, so wäre es nur verständlich und von mir herausgefordert, wenn sie mich nicht mögen würden.

Ich wollte wohl auf diese Weise verhindern, daß man mich hätte verletzen können.

Das Ergebnis war nicht voraussehbar, das Publikum, so inaktiv es zumeist ist, so masochistisch ist es wohl gleichzeitig, fand meine Aggressivität spannend, direkt, und genoß sie.

Ich habe übrigens diese Haltung, wenn ich, selten genug, spiele, dem Publikum gegenüber beibehalten, wenngleich meine Gründe sich geändert haben. Ich lehne es für mich eben ab, um die Gunst des Publikums zu buhlen, ich verzichte darauf, danach zu lechzen, geliebt zu werden, und wenn es das Wichtigste auf der Welt wäre für mich, geliebt zu werden.

Wie schon erwähnt, bekamen wir für die »Leonce und Lena«

hauptsächlich hymnische Rezensionen. Lediglich die Haltung des Kritikers der »Süddeutschen Zeitung« unterschied sich auf witzige, unvergeßliche Art und Weise von den Reaktionen seiner Kollegen. Seine Kritik werde ich im Leben nicht vergessen, sie lautete folgendermaßen: »Alle Kinder dieser Welt sollten ›Leonce und Lena‹ lesen, sie müßten es nur nicht immer öffentlich tun.« Ende. Aus. Abgesehen von dem kleinen Denkfehler in diesem Satz: welche Kinder denn? und wo? lesen denn immer »Leonce und Lena« öffentlich vor?

Dennoch, diese Kritik empfanden wir als amüsant, mag sein, weil sie unter lauter Hymnen die Ausnahme war.

Ob die glänzenden Kritiken etwas mit dem noch dazu ersten Anruf der Hanna Schygulla bei mir überhaupt zu tun hatten, kann und will ich nicht zur Debatte stellen.

Wie auch immer, in einem klaren, nüchternen Moment war es Ursula Strätz gelungen, mich für Ferdinand Bruckners Stück »Die Verbrecher« zu interessieren.

Die Lektüre des Stückes begeisterte mich dann so sehr, daß ich beschloß, dieses Stück zu meiner, auch nach außen hin, ersten alleinverantwortlichen Inszenierung zu machen.

Ich bot Hanna Schygulla am Telefon eine Rolle in den »Verbrechern« an. Es war nicht mal die Hauptrolle, aber sie sagte direkt zu. Die anderen Rollen besetzte ich mit den Schauspielern des »Action-Theaters«, von den ›Gammlern‹, denen, die im Theater wohnten, besetzte ich lediglich einen einzigen.

Den darauffolgenden Aufstand machte ich gleichzeitig lächerlich und beschämte die sechs Kollegen durch geschickt eingesetzte Argumente so, daß sie ohne weiteren Disput ihre Sachen packten und für immer verschwanden.

Die restlichen Rollen besetzte ich mit Schauspielern, die die Schauspielerei zugunsten eines sogenannten sicheren Berufes aufgegeben hatten, dazu mit einem Oberschüler, den ich nach einer Vorstellung an der Theke des Theaters kennengelernt hatte, und mit Irm Hermann, mit der ich damals zusammenlebte, die sich allerdings zuerst hartnäckig und lange dagegen wehrte, eine Rolle in den »Verbrechern« zu übernehmen.

Irm Hermann ist die einzige ›Schauspielerin wider Willen‹, die ich kenne. Erst später dann hat sie Blut geleckt.

Mir hat die Arbeit in dieser Inszenierung, die ich heute in etwa so etwas wie eine Choreographie mit Text nennen würde, viel Freude gemacht. Über das Ergebnis war ich ausgesprochen glücklich. Ich bin es heute noch in der Erinnerung.

Die Arbeit an den »Verbrechern« war ausgesprochen ernsthaft, und wenn ich mich recht erinnere, gelang es mir, zwischen den Schauspielern und mir ein Vertrauensverhältnis herzustellen, daß wir uns wieder ganz ernsthaft, und mag es auch nur für eine begrenzte Zeit gewesen sein, eine Gruppe im positiven Sinne nennen konnten, wenngleich in der Zusammenarbeit zwischen Hanna Schygulla und mir hier erstmals etwas für unser späteres Verhältnis Symptomatisches geschah, etwas, das unsere spätere Zusammenarbeit entscheidend mitgeprägt hat.

Jedesmal nämlich, wenn die Schygulla unsicher war, geriet sie in Panik, ihr Körper verkrampfte sich, verweigerte sich ihr, und sie begann zu diskutieren.

Anfangs hatten diese Diskussionen noch halbwegs mit der Situation zu tun, mit der sie gerade Probleme hatte, oder wenigstens mit dem Stück, das wir gerade probierten, später entfernten sich die Themen, die sie diskutieren wollte, mehr und mehr von der Sache. Das endete nicht selten bei der Frage nach dem Sinn des Lebens an sich.

Versteht sich, daß diese zumeist unergiebigen Diskussionen die Proben verzögerten, eine ohnehin wegen der Ganztagsjobs einiger auf wenige Stunden am Abend limitierte Probenarbeit.

So blieb mir gar nichts anderes übrig, falls ich weiterhin mit der Schygulla zusammenarbeiten wollte, Möglichkeiten herauszufinden, die teilweise vielleicht nichts als recht billige Tricks waren, um die von mir erwünschten Ergebnisse nonverbal zu erzielen, mußte lernen, meine Regieanweisungen ganz nebenbei, für die Schauspielerin Schygulla nicht als solche identifizierbare, zu geben.

Das Ergebnis war, daß Hanna Schygulla fest daran glaubte, nicht etwa die Phantasie eines anderen zu erfüllen, sich sozusagen der Vorstellung und dem Willen eines anderen zu ergeben. Sie spielte nun unter der für sie scheinbar wichtigen Idee, 100 %

sich selbst zu verwirklichen, keiner anderen Phantasie Raum zu geben als ihrer eigenen.

Natürlich waren die anderen Kollegen nicht in der Lage, diesen Vorgang zu durchschauen, sie sahen nichts, als eine Sonderbehandlung, eine Bevorzugung der Hanna Schygulla durch mich, was, wie sich denken läßt, die Gruppe als solche bis an den Rand ihrer Existenz gefährdete.

In der Hoffnung, daß sich die Bedürfnisse der Gruppe schon wieder einpendeln würden, ließ ich es erst mal darauf ankommen. Zu Hilfe kam mir zuerst ein Vorgang von außen, der Ehemann der Ursula Strätz, der bis jetzt im Krankenhaus gelegen hatte, dort mit mancherlei Gerüchten, seine Frau und mich betreffend, gefüttert worden war, hatte nach seiner Entlassung nichts Besseres zu tun, als voll kopfloser Wut das Action-Theater radikal zu zerstören.

Am Ende gab es keine Stühle mehr, die Bühne war völlig zerstört, ebenso Kassenhäuschen und Theke.

Diese Zerstörung des Theaters zur völligen Unbrauchbarkeit und Unbespielbarkeit verhalf der gerade »Die Verbrecher« spielenden Gruppe zu einem neuen, seltsam festen Gefühl der Zusammengehörigkeit.

Wir verließen das Action-Theater in der Münchener Müllerstraße, verließen ein festes Haus und gründeten das »anti-teater«, eine Theatergruppe, die als eine Art Wandertheater sozusagen, ohne festes Haus zumindest, gedacht war.

Als erste Inszenierung dieser neuen Gruppe, das war das Ergebnis einer seriös geführten Diskussion mit folgender Abstimmung, sollte das Stück »Wie dem Herrn Mockinpott das Leiden ausgetrieben wurde« von Peter Weiss aufgeführt werden.

Als Regisseure, auch darüber wurde abgestimmt, entschied sich die Gruppe für Egon Schmidt und mich.

Um ein Zeichen für die Solidarität der neuen Gruppe zu setzen, sollte jedes Mitglied in der neuen Produktion mitwirken, und wäre es auch in der kleinsten Rolle.

Außer Hanna Schygulla hielten sich auch alle an diesen Beschluß. Die Schygulla verwies auf ihr Studium, das gerade jetzt in ein entscheidendes Stadium komme.

Wie sich später herausstellte, hatte die Schygulla zu diesem Zeitpunkt längst ihr Studium aufgegeben.

Der Grund, weshalb sie für die neue Produktion keine Zeit hatte, war ein ganz anderer.

Peter Fleischmann hatte die Schygulla zu Probeaufnahmen für die Hauptrolle in seinem ersten Spielfilm »Jagdszenen aus Niederbayern« eingeladen, Probeaufnahmen, die sich seltsamerweise über Wochen hinzogen.

Die Rolle, um die es ging, hat sie zudem zu guter Letzt nicht einmal bekommen.

Zurück von den Probeaufnahmen, planten wir gerade die Inszenierung von »Die Pioniere in Ingolstadt« von Marieluise Fleißer. Ich überzeugte die Schygulla, ohne große Mühe diesmal, davon, in diesem Stück die Hauptrolle zu spielen.

Für die Übernahme von Hauptrollen, wurde mir eines Tages zwangsläufig klar, brauchte ich eigentlich nie große Überredungskünste bei der Schygulla.

Innerhalb der Gruppe allerdings schien ich mit der Besetzung der Schygulla auf einen eiskalten, auf den ersten Eindruck kaum zu brechenden Widerstand zu stoßen.

Es bedurfte mehrerer Tage der Überredung, mancherlei Drohungen sogar sowie der selbstlosen Unterstützung durch Peer Raben, den allgemeinen Widerstand zu brechen. Auf der Bühne dann war die Darstellung ihrer Rolle durch die Schygulla wie meist von allgemein unbestrittener, großer Qualität.

Eins aber war, Qualität her oder hin, ganz klar: Hanna Schygulla würde eine ständige Gefährdung jeder Gruppe, wie deren Zusammenstellung auch immer sein mochte, bedeuten.

Die nächste Produktion dann, wenn sie auch nur eine kleine Nebenrolle bei Peter Fleischmann bekommen hatte, müßte sowieso ohne die Schygulla gemacht werden.

Seit Jahren hatte es zwischen dem alten Action-Theater und dem Filmregisseur Jean-Marie Straub einen Kontakt gegeben. Straub hatte sich entschlossen, Ferdinand Bruckners »Krankheit der Jugend« zu bearbeiten und dann zu inszenieren.

Straub war nun endlich mit seiner Bearbeitung fertig, übriggeblieben war ein etwa zehnminütiger Extrakt.

Straub wollte seine Inszenierung, wie er einst versprochen

hatte, am Action-Theater machen, seine Besetzung allerdings bestand ausnahmslos aus Mitgliedern des antiteaters. Aus spezifischem Interesse an der Person Jean-Marie Straubs entschlossen wir uns, für diese eine Produktion in das oberflächlich renovierte Action-Theater zurückzukehren.

Da aber Straubs Stück eben kaum länger als zehn Minuten dauern würde und kleine Theater zumeist die größten Schwierigkeiten mit den verschiedensten Verlagen wegen der Rechte für die Stücke haben, die speziell uns interessierten, entschloß ich mich, um den Abend zu komplettieren, mein erstes eigenes Stück zu schreiben.

Es war »Katzelmacher«.

Da beide Regisseure, Straub und ich, uns für die Besetzung der Hanna Schygulla entschieden hatten, gab es diesmal kaum Komplikationen ihretwegen.

Bald im Anschluß an diese Doppelproduktion gab es den allgemeinen Schrecken durch die Notstandsgesetze.

Die Gruppe entschloß sich spontan zu einer szenischen Reaktion auf diese Gesetze, ein jeder übernahm irgendein bestimmtes Thema, mit dem er sich beschäftigen sollte, bis eben dieses Thema theatralische Form ergeben würde, das zu einem Theaterabend führen konnte, an dem das eigentliche Stück erst auf der Bühne entsteht, völlig unabgesichert, völlig unprobiert, wie ein Sprung ins kalte Wasser.

Leider entzog sich die ansonsten ihr politisches Interesse stets betonende Hanna Schygulla dieser Arbeit, bei der es nur um Engagement, nicht aber um das persönliche Brillieren in dieser oder jener Rolle ging.

Kurz nach diesem Abend, den wir »Axel Cäsar Haarmann« genannt hatten, wurde das Action-Theater von der Stadt endgültig geschlossen, und zwar unter dem fadenscheinigen Vorwand, das Action-Theater habe eine Konzession, Theater zu spielen, nicht aber um politisches Kabarett zu machen. Das antiteater zog sich nun in den heute schon fast legendären Hinterraum des Lokals »Witwe Bolte« in Schwabing zurück. Mit der Gruppe und der Hanna Schygulla ging es nun eher unproblematisch weiter, wie eben die ewig währende Wiederholung eines Unrechts diesem gegenüber eine Müdigkeit entstehen läßt.

Gab es in einem Stück eine große Rolle für die Schygulla, dann war klar, daß sie spielte, gab es die nicht, gab es auch die Schygulla nicht, so nicht und so erst recht nicht.

Bei meinen Filmen dann hat sich dieses Verfahren im Grunde diskussionslos fortgesetzt.

Große Rollen spielte sie sowieso, meine Art Regie zu führen, die sie nicht oder kaum merkte, konnte ich von Jahr zu Jahr verfeinern. Und wenn mir mal, aus welchen Gründen auch immer, wichtiger war, die Schygulla in einer kleineren Rolle zu besetzen, dann mußte ich eben betteln gehen, zumeist widerfuhr mir zärtliche Gnade, und die Schygulla tat es eben, spielte dann auch schon mal eine kleinere Rolle, aber sie ließ es mich jeden Augenblick spüren, daß sie lediglich meinem dringenden Wunsch nachgegeben hatte.

Noch größere Probleme hatte sie aber mit den sogenannten zweiten Frauenrollen, besonders dann, wenn Margit Carstensen die erste Frauenrolle im gleichen Film spielte.

Aber wer wollte so kleinlich sein, solch normale menschliche Regungen anzugreifen?

Und Hanna Schygulla ist zudem geschickt, sie hat es gelernt, in den kleinen Rollen, die sie nicht wirklich interessierten, einfach auffällig schlecht zu sein.

Ich werde sie also nicht mehr darum bitten, solch eine Rolle, die sie rein menschlich nicht weiterbringt, zu übernehmen. Mag auch vieles nicht so glücklich geklungen haben, die Beziehung der Hanna Schygulla und mir oder gar eine Gruppe betreffend, so war doch, wie es einmal, schon ganz früh, durch mein Gehirn gezuckt war, allein die Existenz der Hanna Schygulla für meine Arbeit wichtig.

Und mag es auch nur das unbedingte Beweisenwollen ihrer Wichtigkeit für mich gewesen sein, was sie für mich wichtig machte. So what?

Honni soit qui mal y pense!

1981

114

Alexander Kluge soll Geburtstag gehabt haben

Das Gerücht, Alexander Kluge sei dieser Tage 50 Jahre alt geworden, hält sich ebenso hartnäckig wie jene andere, absolut alberne Behauptung, eben derselbe Kluge habe Ende dieses Jahres geheiratet! Richtig offiziell, heißt es, habe er sich Privates von einer staatlichen Institution staatlich institutionalisieren lassen. Eine absurde Idee – belegen doch etliche Stunden aufregenden Kinos des Filmemachers Kluge sowie eine ganze Menge erhellender und erregender Prosa des Dichters Alexander Kluge, daß eins seiner Ziele ist, jedwede Institution in Frage zu stellen, die staatlichen allemal, wenn ich halbwegs recht interpretiere, und wenn zudem sein Werk nicht gar geeignet ist, zu beweisen, daß es Alexander Kluge im Grunde sogar um die Zerstörung einer jeden Institution geht. Zudem – ein Anarchist wird nicht 50 und somit feierbar. Einteilungen solcher Art gelten für ihn nicht. Ich meine, gerade diese einer Art Vereinnahmung dienenden Gerüchte über einen von uns machen doch so manches transparent, sind nicht zuletzt dazu geeignet, an die Notwendigkeit weiteren Kampfes für unsere Sache und die ewig währende Gefahr der Ermüdung im Anblick der grauen stromlinienförmigen Realität zu erinnern.

Februar 1982

Vorbemerkungen zu »Querelle«

1. Die Verfilmung von Literatur legitimiert sich, im Gegensatz zur landläufigen Meinung, keinesfalls durch eine möglichst kongeniale Übersetzung eines Mediums (Literatur) in ein anderes (Film). Die filmische Beschäftigung mit einem literarischen Werk darf also nicht ihren Sinn darin sehen, etwa die Bilder, die Literatur beim Leser entstehen läßt, maximal zu erfüllen.

Dieser Anspruch wäre ohnehin in sich absurd, da jeder Leser jedes Buch mit seiner eigenen Wirklichkeit liest und somit jedes Buch soviel verschiedene Phantasien und Bilder provoziert, wie es Leser hat.

Es gibt also keine endgültige objektive Realität eines literarischen Werkes, darum darf auch die Absicht eines Filmes, der sich mit Literatur auseinandersetzt, nicht darin liegen, die Bilderwelt eines Dichters als endgültig erfüllte Übereinstimmung verschiedener Phantasien zu sein. Der Versuch, Film als Ersatz eines Stückes Literatur zu machen, ergäbe den kleinsten gemeinsamen Nenner von Phantasie, wäre also zwangsläufig im Ergebnis medioker und stumpf.

Ein Film, der sich mit Literatur und Sprache auseinandersetzt, muß diese Auseinandersetzung ganz deutlich, klar und transparent machen, darf in keinem Moment seine Phantasie zur allgemeinen werden lassen, muß sich immer in jeder Phase als eine Möglichkeit der Beschäftigung mit bereits formulierter Kunst zu erkennen geben. Nur so, mit der eindeutigen Haltung des Fragens an Literatur und Sprache, des Überprüfens von Inhalten und Haltungen eines Dichters, mit einer als persönlich erkennbaren Phantasie zu einem literarischen Werk und nicht der Versuch einer Erfüllung von Literatur legitimiert deren Verfilmung.

2. »Querelle de Brest« von Jean Genet ist vielleicht der radikalste Roman der Weltliteratur, was die Diskrepanz von objektiver Handlung und subjektiver Phantasie anbetrifft. Das äußerliche Geschehen, abgelöst von der Bilderwelt des Jean Genet, ergibt eine wenig interessante, eher drittklassige Kriminalgeschichte, mit der zu beschäftigen sich kaum lohnte.

Was sich aber lohnt, ist die Auseinandersetzung mit der Erzählweise des Jean Genet, die Auseinandersetzung mit einer außergewöhnlichen Phantasie, die eine auf den ersten Blick fremdartige Welt entstehen läßt, eine Welt, in der eigene Gesetze zu gelten scheinen, die einer erstaunlichen Mythologie verpflichtet sind.

Es ist überaus aufregend und spannend, erst langsam, dann aber immer dringender und dringender herauszufinden, wie diese fremde Welt mit ihren eigenen Gesetzen sich zu unserer, freilich auch subjektiv empfundenen Wirklichkeit verhält, dieser Wirklichkeit erstaunliche Wahrheiten abringt, weil sie uns zu Erkenntnissen und Entscheidungen zwingt, die, und ich bin mir des Pathos voll bewußt, so schmerzhaft diese Erkenntnisse im einzelnen auch erscheinen mögen, uns unser Leben näherbringen.

Das heißt auch: wir nähern uns unserer Identität!

Und nur wer wirklich mit sich identisch ist, braucht keine Angst mehr vor der Angst zu haben. Und nur wer keine Angst hat, kann wertfrei lieben; das äußerste Ziel aller menschlichen Anstrengung: sein Leben leben!

3. Ich kann mir die Welt des Jean Genet, also zwangsläufig auch die Beschäftigung mit dieser Welt, nicht an Originalschauplätzen vorstellen, da jedwede Handlung, die in dieser Welt geschieht, jede Geste, jeder Blick, immer anderes bedeutet, immer wesentlich mehr und immer Größeres, meist Heiliges.

Ich habe mich daher, gemeinsam mit Rolf Zehetbauer, dafür entschieden, daß der Film »Jean Genet's ›Querelle‹« in einer Art surrealistischer Landschaft gedreht wird, die sich aus spezifischen Teilen und Signalen aller angesprochenen Motive zusammensetzt. In dieser Landschaft stehen einige Projektionswände, die ermöglichen, durch Aufprojektionen diese Kunst-

welt mit Partikeln der Wirklichkeit ins Unendliche zu verlän-
gern.

Ein ganz wesentlicher Aspekt, der außerdem für diese Landschaft spricht, ist, daß in jeder Szene die Möglichkeit besteht,
jedwedes andere Motiv in etwa kontrapunktisch mit ins Bild zu
bringen, ob nur als Motiv oder als bespielter Ort wird von Fall
zu Fall neu zu entscheiden sein.

1982

Die traurigen Augen von Cannes

Es hat in diesem Jahr absolut keinen vernünftigen Grund gegeben, mich den Filmfestspielen von Cannes mit seinen meist ab-
surden, oft grausamen Verzerrungen der Sache Film, wie zumindest ich empfunden hatte, auszusetzen, zumal ich in den
Jahren vorher regelmäßig früher oder später soweit gekommen
war, zutiefst überzeugt zu sein, nie mehr, geschehe, was wolle,
absolut nie mehr nach Cannes zu kommen. Aber wie das eben
so ist, jedes Jahr ein Film in Cannes, und jeden Film, versteht
sich, liebe ich, als wärs ein Kind oder so was und verdient somit
natürlich eine maximale Betreuung zumindest. So habe ich mir
den klugen Spruch zugelegt »Was kümmert mich mein Ge-
schwätz von gestern«, was immerhin jedes Jahr half, von keinem schlechten Gewissen geplagt zu werden. Zumal ich im
Grunde alles eigentlich befürworte, was dem Film zugute
kommt, auch Festivals eben, wären sie nur ein bißchen so, wie
ich sie mir vorstelle, das New Yorker Filmfestival zum Beispiel
oder die Filmtage von Hof meinetwegen, u. a.
Cannes jedoch ..., also nach Cannes bin ich gefahren, ich zumindest glaub, daß ichs glaube, nach Cannes bin ich dieses Jahr
gefahren, gerade weil ich keinen Film dort hatte, keinen Streß,
keine Interviews mit den immer gleichen Fragen, die immer
gleiche Antworten verlangen, bis man irgendwann fast in Gefahr kommt, den geliebten Film zu hassen, ihn beinahe lieber
nicht gemacht zu haben. Zumal nach Cannes, wahrscheinlich,
weil es letztlich eben doch nicht wirklich um den Film geht, zu
einem überraschend großen Teil unglaublich dumme, uninfor-
mierte Reporter geschickt werden. All das und anderes mehr
würde mir also erspart bleiben, keine Termine, schlafen so
lange, wie's Spaß macht, Freunde treffen, irgendwann am

Abend, Freunde, die man sonst zu selten trifft, mit ihnen essen gehen und reden, reden, ohne daß irgendein blödes Ziel das Gespräch verkrampft.

Aber ich hatte plötzlich noch eine Idee, man mag sie schwachsinnig nennen, vielleicht ist sie das auch, ich hatte die Idee, auch keine Filme anzusehen in Cannes. Auch die haben nämlich feste Anfangszeiten zum einen, zum anderen schien mir aus heiterem Himmel die Idee, von Filmen was zu begreifen durch die, die sie gesehen hatten, ungemein spannend. Vom Film an sich und seinem Wirken auf die Menschen hoffte ich auf diese Weise vielleicht mehr oder zumindest anderes zu lernen, als wenn ich sie selber gesehen hätte.

Mai 1982

Anhang

Wie stelle ich mir meine zukünftige Berufstätigkeit vor?

Ich stelle mir vor, im Rahmen einer gut aufeinander eingespielten Gruppe, in rascher Folge billige Filme machen zu können, womöglich in eigener Produktion, um mir eine weitgehende Realisationsmöglichkeit meiner Ideen zu schaffen.

Ich wünsche mir außerdem ein umfassendes Verständnis auch der technischen Probleme des Films, da ich es für wesentlich halte, als Regisseur jede Phase einer Produktion im Griff zu haben oder doch überblicken zu können.

Beim Fernsehen interessieren mich vor allem die Möglichkeiten des Fernsehfilms, dessen Grundlage nicht Stücke fürs Theater sind, sondern eigens für die Möglichkeiten des Fernsehens geschriebene Texte. Gerade hier bin ich für ein Einfließenlassen von Tagesaktualität und daher für schnelle und billige Produktion.

1966/67

Offener Brief an Franz Xaver Kroetz

Lieber Franz Xaver Kroetz, es ist schon schade, daß Du nicht ganz ehrlich sein magst. Was geniert Dich denn zuzugeben, daß Du die Chance, gemeinsam mit mir ein mögliches, uns beide befriedigendes Drehbuch zu erarbeiten, ausgeschlagen hast? Geniert Dich Dein Satz: Mich interessiert dieser alte Krampf nicht mehr, ich will bloß Moos, mit dem Du die erneute Beschäftigung mit Deinem Stück »Wildwechsel« abgelehnt hast? Gib doch zu, daß Du gesagt hast, »Mach damit, was Du willst« und »Leck mich am Arsch«, als ich ein zweites Mal um Deine Mitarbeit bat.

Geniert Dich, daß Du Dein Stück im Stich gelassen, es sogar verleumdet hast? Wenn es so ist, dann genier Dich zu recht, aber genier Dich nicht so, als wärst Du über Nacht einer Deiner hypersensiblen Theaterkritiker geworden, sondern erinnere Dich an die, für die Du eigentlich arbeiten willst. Denk an die

123

Leut, frag da ein bißchen rum; frag die, die tagsüber arbeiten müssen, was sie gehabt haben von unserem Film. Mag sein, daß Dich die Antworten verblüffen werden, denn – die Leut, für die Du schreibst, die haben das, was Du ihnen mitteilen willst, schon verstanden. Du bist, um es ganz pathetisch zu sagen, zum ersten Male wirklich gehört worden. Geniert Dich das? Oder geniert Dich, daß das wieder mit mir zu tun hat, wie auch Dein Einstieg in die Arbeit mit der bayrischen Sprache. Sag halt ehrlich, was Dich geniert. Aber sags mit Deinen Gedanken, denn in der Art zu kritisieren, die Du gewählt hast, da sind ein paar andre besser.

Auf den Film mag und muß ich nicht näher eingehen, da weißt Du genug davon, auch das: Alles was drin ist im Film, das ist auch im Stück. Mag sein, daß Dich das geniert. Aber das wäre nicht nötig, so schlecht ist Dein Stück gar nicht, ehrlich. Dein Rainer Werner Fassbinder.

12. 3. 1973

Betr. Theater und Mitbestimmung

I. Grundlagen einer Konzeption
für das Theater am Turm in Frankfurt (Auszug)

1. Die Voraussetzung meiner Bewerbung für das TAT basiert auf der Absicht, in einer mir bekannten Gruppe Erfahrungen bei der Theaterarbeit über uns und unsere Umwelt zu gewinnen, diese an das Publikum zu vermitteln und mit ihm weiter zu entwickeln. Diese Erfahrungen beziehen sich sowohl auf Inhalte als auch auf Repräsentationsformen. Wir planen, den jeweiligen Spielplan unter ein Jahresthema zu stellen, um so eine kontinuierliche thematische und formale Auseinandersetzung mit einem Stoff zu erreichen. Diese Form wird es einerseits gestatten, auf aktuelle relevante Ereignisse einzugehen, andererseits wird sie uns helfen, Stücke der Weltliteratur neu einzuordnen.

Der vorläufige Spielplan hat nach ersten Besprechungen mit einem Teil des neuen Ensembles folgendes Aussehen (Jah-

resthema: Gruppenpsychologie): Emile Zola: »Germinal«
(Romandramatisierung); Shakespeare/Sperr: »Maß für
Maß«; Gorki: »Nachtasyl«; ein Stück über Frankfurt; Fey-
deau z. B. (Komödie über gesellschaftliche Mechanismen);
Entwicklung eines Stückes aus Partikeln der Psychoanalyse
(Eigenproduktion des Ensembles).
2. Betriebsorganisation. Das für das TAT entwickelte Mit-
bestimmungsverfahren wird weitergeführt. Dabei wird darauf zu achten sein, daß die Kompetenzen der einzelnen Ent-
scheidungsgremien klar abgegrenzt und eingehalten werden. Mitbestimmung ist für uns nicht Selbstzweck, sondern
Voraussetzung, den Arbeitsprozeß am Theater transparent
zu machen, um so das Produkt zu qualifizieren.

November 1973

II. Telegramm an Peter Palitzsch

Lieber Peter, wünsche Dir zu Deiner Premiere das Glück,
das Dir zusteht, zudem alles Gute zum Geburtstag in der
Hoffnung, daß Du an der, wie ich auch glaube, an sich wun-
derschönen Idee des mit anderen Menschen gemeinsamen
Arbeitens, was man modisch Mitbestimmung nennt und das
in der Praxis, wie Du ganz sicher in den letzten Jahren auch
erfahren hast, ausgeführt mit Menschen, die zu einer anderen Form zu leben erzogen wurden, so unfaßlich grausam
sein kann, nicht verzweifeln mögest.
Ansonsten glaube ich, daß, wenn es mir irgend möglich gewesen wäre, ich sehr gerne mit Dir gearbeitet hätte, da ich
auf dieses Zusammentreffen im Grunde sehr gespannt war
und es auch immer noch bin. Dein Rainer Werner Fassbinder.

10. 9. 1978

III. Mitbestimmung im Theater –
Lieber Feigling als Verräter?

Jetzt, nachdem der Frankfurter Kulturdezernent Hilmar
Hoffmann die Mitbestimmung am Schauspiel Frankfurt,

warum auch immer, außer Kraft gesetzt hat, mag er auch außerdem Mitglied in diversen, auch für mich wichtigen Gremien für die Vergabe finanzieller Hilfen sein und somit verschiedensten, neuen, konventionellen oder auch experimentellen Filmen zu deren Entstehen beistehen, den ich also einerseits schätze, von dem ich andererseits vielleicht abhängig sein könnte, jetzt also, da ich keine Rücksicht mehr zu nehmen brauche, sehe ich keinen Grund mehr, über »mein« Jahr Mitbestimmung am Frankfurter Theater am Turm die Schnauze zu halten.

Dezember 1981

Stellungnahme zu »Der Müll, die Stadt und der Tod«

Gegen mein Stück »Der Müll, die Stadt und der Tod« wird der Vorwurf erhoben, es sei »antisemitisch«. Unter dem Vorwand dieses Vorwurfs werden von bestimmter Seite Thesen und Deutungen vorgetragen, die mit mir und meinem Stück nichts zu tun haben. Zum Stück: Es gibt in der Tat unter den Figuren in diesem Text einen Juden. Dieser Jude ist Häusermakler; er trägt dazu bei, die Stadt zuungunsten der Lebensbedingungen der Menschen zu verändern; er macht Geschäfte. Die Verhältnisse, unter denen diese Geschäfte gemacht werden können, hat nicht er geschaffen, hat nicht er zu verantworten; er benutzt diese Verhältnisse. Der Ort, an dem solche Verhältnisse entdeckt werden können, heißt Frankfurt am Main.

Die Sache selbst ist, wenngleich auf einem neuen Niveau, eine Wiederholung von Entwicklungen im 18. Jahrhundert, als den Juden allein Geldgeschäfte erlaubt waren und diese Geldgeschäfte – oft die einzige Möglichkeit der Juden zu überleben – letzten Endes wiederum nur denen Argumente lieferten, die sie quasi zu dieser Tätigkeit gezwungen hatten und die ihre eigentlichen Gegner waren. Nicht anders verhält es sich im Falle der Stadt in meinem Stück.

Genauer gesagt: Zu betrachten wären die Beweggründe derjenigen, die sich dagegen wehren, daß über diesen Sachverhalt

126

gesprochen wird. Sie sind die wahren Antisemiten. Zu prüfen wäre, warum man, statt die realen Sachverhalte zu untersuchen, gegen den Autor eines Stückes mit Sätzen argumentiert, die er – um bestimmte Zustände kritisierbar zu machen – für seine Figuren erfunden hat.

Es gibt in diesem Stück auch Antisemiten; es gibt sie aber nicht nur in diesem Stück, sondern, beispielsweise, auch in Frankfurt. Selbstverständlich geben diese Figuren – ich finde es eigentlich überflüssig, das zu betonen – nicht die Meinungen des Autors wieder, dessen Haltung zu Minderheiten aus seinen anderen Arbeiten hinreichend bekannt sein sollte. Gerade einige grobschlächtige Anwürfe in der Diskussion bestärken mich in der Sorge vor einem »neuen Faschismus«, aus der heraus ich dieses Stück geschrieben habe.

28. 3. 1976

Betr. Bundesfilmpreis für »Deutschland im Herbst«

Sehr geehrte Herren, ich bitte Sie zur Kenntnis zu nehmen, daß ich den für den Film »Deutschland im Herbst« oder dessen Konzeption oder was auch immer vergebenen Preis der Bundesrepublik Deutschland aus Gründen der Moral, die, wie ich sehr wohl weiß, natürlich auch ein Luxus ist, die Moral, ein Luxus, den man sich leisten können muß und den ich mir trotzdem leiste, daß ich also kurz gesagt die Annahme dieses Staatspreises in diesem einen speziellen Fall verweigere.

19. 6. 1978

Hitliste des deutschen Films

Alle Filme alphabetisch geordnet, nicht nach Wertung!!!!!!
Die besten: »48 Stunden bis Acapulco«. »Die Ehe der Maria Braun«. »Die endlose Nacht«. »Fontane Effi Briest«. »Der Händler der vier Jahreszeiten«. »Jane bleibt Jane«. »Malate-

sta«. »Mord und Totschlag«. »Neapolitanische Geschwister«. »Die Vertreibung aus dem Paradies«.

Die wichtigsten: »Chronik der Anna Magdalena Bach«. »Deutschland im Herbst«. »Die dritte Generation«. »Film oder Macht«. »In einem Jahr mit dreizehn Monden«. »Made in Germany und USA«. »Nicht versöhnt«. »Satansbraten«. »Warnung vor einer heiligen Nutte«. Und »Die Artisten in der Zirkuskuppel: ratlos« + »In Gefahr und größter Not bringt der Mittelweg den Tod« + »Der starke Ferdinand« + »Die Patriotin« + »Abschied von gestern«.

Die schönsten: »Angst essen Seele auf«. »Bildnis einer Trinkerin«. »Detektive«. »Eika Katappa«. »Götter der Pest«. »Mädchen mit Gewalt«. »Die Moral der Ruth Halbfass«. »Despair«. »Rheingold«. »Rote Sonne«.

Die unwichtigsten: »Adolf und Marlene«. »Armee der Liebenden«. »Carlos«. »Hitler, ein Film aus Deutschland«. »Der Kandidat«. »Ludwig, Requiem für einen jugendlichen König«. »Nicht der Homosexuelle ist pervers, sondern die Situation, in der er lebt«. »Groß und klein«. »Der Fußgänger«. »San Domingo«.

Die ekelhaftesten: »Ansichten eines Clowns«. »Geschichten aus dem Wiener Wald«. »Grete Minde«. »Karl May«. »Katzelmacher«. »Output«. »Scarabea«. »Sommergäste«. »Warum läuft Herr R. Amok?«. »Wildwechsel«.

Die enttäuschendsten: »Arabische Nächte«. »Einer von uns beiden«. »Flammende Herzen«. »Herz aus Glas«. »Katz und Maus«. »Negresco«. »Palermo oder Wolfsburg«. »Pioniere in Ingolstadt«. »Traumstadt«. »Der scharlachrote Buchstabe«.

Vorgehabt 61? Erhofft 61? Viele, viele Filme zu machen, so daß aus meinem Leben ein Film werden wird.

Getan 61? Jeden Tag, den Gott werden ließ, vier Filme gesehen.

Beurteilung der Situation heute: schwarz-braun bis schwarz, jedenfalls medioker und amphibisch.

Beste Erfahrung im Neuen Deutschen Film: Dr. Günter Rohrbach. Horst Wendlandt. Dr. Alexander Kluge. Wolfram Schütte. H. C. Blumenberg.

Schlimmste Erfahrung: Michael Fengler. Luggi Waldleitner.

Hanns Eckelkamp. Christian Hohoff. Kurt Raab. Klaus Hellwig.

Die zehn besten Schauspielerinnen: Hanna Schygulla. Margit Carstensen. Barbara Sukowa. Brigitte Mira. Eva Mattes. Barbara Valentin. Ruth Drexel. Karin Baal. Gisela Uhlen. Ingrid Caven.

Die zehn besten Schauspieler: Armin Müller-Stahl. Klaus Löwitsch. Dirk Bogarde. Ulli Lommel. Harry Baer. Lou Castel. Hark Bohm. Gian-Carlo Gianinni. Günther Kaufmann. Volker Spengler.

Die Top Ten meiner eigenen Filme: 1. »Warnung vor einer heiligen Nutte«. 2. »In einem Jahr mit dreizehn Monden«. 3. »Despair«. 4. »Die dritte Generation«. 5. »Götter der Pest«. 6. »Martha«. 7. »Fontane Effi Briest«. 8. »Angst essen Seele auf«. 9. »Die Ehe der Maria Braun«. 10. »Der Händler der vier Jahreszeiten«.

Die zehn wichtigsten Regisseure des Neuen Deutschen Films: 1. Rainer Werner Fassbinder, 2. Werner Schroeter. 3. Wim Wenders. 4. Rudolf Thome. 5. Volker Schlöndorff. 6. Dr. Alexander Kluge. 7. Ulrike Ottinger. 8. Niklaus Schilling. 9. Werner Herzog. 10. Walter Bockmayer.

1981

Schütte
Von der Dialektik des Bürgers
im Paradies der lähmenden Ordnung

Schütte = 1981 – 38 Jahre alt
Schütte = 1968 – 25 Jahre alt
Schütte = 1943 geboren
Schütte = also Ziege nach dem chinesischen Horoskop
Schütte = Anfang September geboren und somit Jungfrau
Schütte = 1968 seit vier Jahren verheiratet
Schütte = hochgebildet, extrem sensibel, zudem politisch wach und integer
Schütte = Journalist, träumt aber davon, Filmemacher zu werden

129

Wer Ähnlichkeiten mit lebenden Personen zu entdecken glaubt, ist selber schuld. Dem Autor lag es fern, etwas wie einen Schlüsselroman zu schreiben. Im Gegenteil, man könnte sagen, dieser Text wurde erfunden und aufgeschrieben, wie er geträumt, gedacht und phantasiert worden war. Für mediokren Zweifel, die üblichen brauchbaren Skrupel für die Schere im Kopf des Autors eben, gab es nicht Zeit genug, gab es auch keinen Raum in der Kunstwelt des Erzählers.

Film, sagt Godard, das ist 24mal in der Sekunde Wahrheit.

Film, das sage ich, das ist 25mal in der Sekunde Lüge.

Schütte liebt uns beide, Godard und mich. Und aus diesen beiden, sich widersprechenden Behauptungen gelingt es ihm, einen einzigen klaren, eindeutigen und verständlichen Gedanken zu entwickeln und darüber hinaus zu formulieren.

Undatiert

Hat das Kino noch eine Zukunft?

Die Problematik eines Kinos, das immer mehr aussieht wie Fernsehen, ist eigentlich nicht mehr gegeben. Das war vielleicht so in den Jahren 1974 bis 1977; aber heute hat sich doch überall auf der Welt eine bestimmte Kinoästhetik, eine individuelle Kinoästhetik von einzelnen Filmregisseuren herausgebildet, die vom Fernsehen unabhängig ist. Daß das Fernsehen in allen Ländern – in manchen mehr, in andern weniger – an Produktionen mitbeteiligt ist, kann diesen Regisseuren mit ihrer Ästhetik eigentlich nicht mehr schaden. Wer sich doch davon beeinflussen läßt, wäre selber schuld. Es gäbe in jedem Fall eine Möglichkeit für jeden Filmregisseur, einen Film zu machen, der zwar mit Mitteln des Fernsehens gedreht wird, der aber dennoch von der Fernsehästhetik unabhängig ist. Leute wie Antonioni, Godard, auch wie Herzog und Wenders und Kluge machen Filme, die sicherlich mehr oder weniger vom Fernsehen mitfinanziert wurden, und wo das Fernsehen auch ein ganz guter Überträger oder gar die letzte Übertragungsform eines Inhalts ist, die aber formal mit dem, was ich unter Fernsehästhetik verstehe, nichts zu tun haben.

Es werden weniger Filme gemacht, das ist richtig. Es polarisiert sich tatsächlich ein bestimmtes Kino zu einem Sensationskino, das irgendwie bombastisch und groß ist – das ist allenthalben zu sehen. Auf der anderen Seite gibt es aber doch das ganz individuelle oder auch ganz nationale Kino einzelner, das heute viel wichtiger ist als eben das Kino, das sich vom Fernsehen nicht mehr unterscheidet.

1982

Notizen zum Spielfilm-Projekt »Rosa Luxemburg«

Rosa wächst in einem Land auf, wo allein der Gebrauch der Landessprache strafbar ist. Die Besatzung Polens ist total – gerade das Verbot der polnischen Sprache würde in letzter Konsequenz die völlige Auflösung Polens bedeuten.

Aus der Erkenntnis dieser Art von Kolonialismus ließen sich Rosas revolutionäre Interessen vielleicht erklären.

Andererseits ist Rosa in einem gutbürgerlichen deutschsprachigen Elternhaus aufgewachsen, ist also vom Verbot der polnischen Sprache gar nicht persönlich betroffen. Aber es erscheint mir nachvollziehbar, daß ihre frühe Begegnung mit mißbrauchter Macht der Obrigkeit sowie der Wut, den Ängsten und der Trauer ihrer Klassenkameradinnen Rosa für das Erkennen jedweder Ungerechtigkeit an sich sensibilisiert hat.

Ich glaube, nicht zuletzt hier liegt einer der Gründe für Rosas unfaßliche revolutionäre Kraft. Aber so läßt sich auch Rosas späteres Desinteresse an der nationalen polnischen Bewegung erklären, es ging ihr nicht um Polen, es ging ihr ums Ganze.

Und dennoch, solange Rosa in Warschau lebte, schloß sie sich einer Gruppe an, deren vitales Interesse Polen und die polnische Sprache war. Es war möglicherweise ein Verrat, der Rosa zwang zu fliehen.

9.6.1982

Editorische Notizen, Anmerkungen

Imitation of Life. Erstdruck in: Fernsehen und Film, 1971, Heft 2, S. 8–13.
Der erste Film, den Fassbinder nach Kenntnis von Person und Werk Douglas Sirks drehte, war 1971 »Der Händler der vier Jahreszeiten«, der zahlreiche Verweise auf Sirks Film »All that heaven allows« enthält. Fassbinder in einem Interview, das er gemeinsam mit Sirk Ernst Burkel gab: »Nachdem ich zehn Filme gemacht hatte, die sehr persönlich waren, kam der Punkt, wo wir gesagt haben, wir müssen eine Möglichkeit finden, Filme fürs Publikum zu machen – und da kam für mich die Begegnung mit den Filmen und dem Douglas Sirk persönlich. Das war unheimlich wichtig für mich. Und um einmal auf das angebliche Vater-Sohn-Verhältnis zurückzukommen – das war und ist anders, weil Vater-Sohn-Beziehungen meist Kampfbeziehungen sind. Ich hab jemanden gefunden, der in einer Art und Weise Kunst macht, daß ich gemerkt habe, was ich an mir verändern muß« (Süddeutsche Zeitung, 8. 3. 1979).

Einer, der eine Liebe im Bauch hat. Geschrieben für das Programmheft zur Uraufführung von »Blut am Hals der Katze«, Städtische Bühnen Nürnberg, 20. 3. 1971. Titel vom Herausgeber.

Acht Stunden sind kein Tag. Geschrieben für die Fernsehspiel-Broschüre des WDR, Juli – Dezember 1972, S. 88–89.

... Schatten freilich und kein Mitleid. Erstdruck in: Peter W. Jensen/Wolfram Schütte (Hg.), Claude Chabrol. München

1975, S. 7–16. Wir danken dem Verlag Carl Hanser für die freundliche Genehmigung zum Abdruck. © 1975 by Carl Hanser Verlag München Wien.

Fassbinder widmete seinen ersten Spielfilm »Liebe ist kälter als der Tod« 1969 Claude Chabrol, Jean-Marie Straub, Eric Rohmer, Linio und Cuncho (den beiden Protagonisten in Damiano Damianis Film »Töte Amigo«). In einem Interview begründete Fassbinder die Widmung für Chabrol: »Chabrol strebt, wie ich, gesellschaftliche Veränderung an, indem er ganz unten anfängt, indem er Gefühle analysiert« (Abendzeitung, München, 18. 6. 1969).

Gehabtes Sollen – gesolltes Haben. Erstdruck in: Die Zeit, 11. 3. 1977. Untertitel vom Herausgeber.
Die geplante Fernsehverfilmung von Gustav Freytags »Soll und Haben« wurde vom WDR-Intendanten F. W. von Sell gestoppt mit der Begründung, daß »die historische Aufarbeitung von Antisemitismus und Antislawismus auf der Grundlage des Romans zuviel Risiken und Mißverständnissen ausgesetzt« sei. Mehr als dreißig deutsche Filmregisseure, darunter Volker Schlöndorff und Wolfgang Staudte, protestierten gegen diese Entscheidung; vgl. Hans C. Blumenberg, »Chronologie einer Affäre«, in: Die Zeit, 11. 3. 1977, und Wolfram Schütte, »Da stimmt doch was nicht«, in: Frankfurter Rundschau, 12. 3. 1977.

Der deutsche Film wird reicher. Erstdruck in: Die Zeit, 29. 4. 1977.

In einem Jahr mit dreizehn Monden. Exposé zu dem gleichnamigen Spielfilm (Idee, Buch, Ausstattung, Schnitt, Kamera, Regie: Fassbinder).
Der im Text erwähnte Science-fiction-Roman »Welt am Draht« von Daniel F. Glouye wurde 1973 von Fassbinder als zweiteiliges Fernsehspiel verfilmt.

Die dritte Generation. Erster Teil des Exposés zu dem gleichnamigen Spielfilm. Erstdruck in: Frankfurter Rundschau, 2. 12. 1978.

Klimmzug, Handstand, Salto mortale – sicher gestanden. Erstdruck in: Frankfurter Rundschau, 24. 2. 1979.

Die Städte des Menschen und seine Seele. Erstdruck in: Die Zeit, 14. 3. 1980.

Vorbemerkungen zu dem Spielfilm-Projekt »Kokain«. Erster Teil des Exposés zu einem nicht realisierten Spielfilm. Nach dem Manuskript.

Michael Curtiz – Anarchist in Hollywood? Anfang eines unvollendeten Essays über den amerikanischen Regisseur. Nach dem Manuskript (offensichtliche Verschreibungen wurden stillschweigend korrigiert).

Hanna Schygulla. Erstdruck in: Hanna Schygulla. Bilder aus Filmen von Rainer Werner Fassbinder. München 1981, S. 169–187. Wir danken dem Verlag Schirmer/Mosel für die freundliche Genehmigung zum Abdruck. © 1981 by Verlag Schirmer/Mosel München.

Alexander Kluge soll Geburtstag gehabt haben. Erstdruck in: tip, Berlin, 17. 2. 1982.

Vorbemerkungen zu »Querelle«. Erster Teil des Exposés zu dem gleichnamigen Spielfilm. Erstdruck in: Die Zeit, 25. 5. 1982.

Die traurigen Augen von Cannes. Anfang eines unvollendeten Essays, geschrieben im Mai 1982. Nach dem Manuskript.

Anhang
Wie stelle ich mir meine künftige Berufstätigkeit vor? Nach dem Manuskript.

Offener Brief an Franz Xaver Kroetz. Gegen Fassbinders Verfilmung seines Theaterstückes »Wildwechsel« protestierte Kroetz am 8. 3. 1973 in der Abendzeitung, München: »Obszön nenne ich die Denunzierung der Menschen, die der Film betreibt. ... Denn mehr als Pornographie mit sozialkritischem Touch ist dieser Film nicht, und dafür bin ich mir als Autor zu schade.« Fassbinder antwortete mit einem offenen Brief, den die Abendzeitung am 12.3.1973 druckte.

Die juristische Auseinandersetzung endete mit einem Vergleich; nach einigen Schnittauflagen durfte der Film im Kino gezeigt werden. Während Fassbinder in seiner »Hitliste des deutschen Films« 1981 »Wildwechsel« in die Rubrik der ekelhaftesten Filme einreihte, meinte Kroetz 1984 in einem Interview: »Der Film hat eindeutig Qualitäten. Ein paar Sachen hatte ich halt nicht geschrieben, die mußten raus. Das ist wie eine Eigentumssache. Heute, durch die Erfahrungen in den vielen Aufführungen, bin ich viel großzügiger, was das anbelangt, ich erlaube fast alles. Damals klebte ich natürlich auch sehr an meiner Arbeit, war durch Veränderungen leichter zu verletzen« (medium, 1984, Heft 2, S. 30).

Betr. Theater und Mitbestimmung. Obertitel vom Herausgeber. *Grundlagen einer Konzeption für das Theater am Turm in Frankfurt* ist unter dem Titel »Volkstheater im weitesten Sinne« vollständig abgedruckt in: Frankfurter Rundschau, 28.11.1973. *Mitbestimmung im Theater – Lieber Feigling als Verräter?* ist ein unvollendeter Artikel überschrieben, mit dem Fassbinder sich in der Diskussion um die Aufkündigung des Mitbestimmungsmodells am Frankfurter Schauspielhaus zu Wort melden wollte.

Stellungnahme zu »Der Müll, die Stadt und der Tod«. Erstdruck in: Frankfurter Rundschau, 31.3.1976.

Die öffentliche Kontroverse um das Stück, die durch Joachim Fests Artikel »Reicher Jude von links« (Frankfurter Allgemeine Zeitung, 19.3.1976) eingeleitet wurde, ist ausführlich dokumentiert in dem Buch: Schatten der Engel. Ein Film von Daniel Schmid nach dem Theaterstück »Der Müll, die Stadt und der Tod«. Frankfurt/M. 1976. Fassbinder in einem Gespräch mit Benjamin Henrichs: »Das Stück läßt bestimmte Vorsichtsmaßnahmen außer acht, und das finde ich vollkommen richtig. Ich muß auf meine Wirklichkeit reagieren können, ohne Rücksicht zu nehmen« (Die Zeit, 9.4.1976).

Betr. Bundesfilmpreis für »Deutschland im Herbst«. Aus einem Brief vom 19.6.1978 an Theo Hinz, Geschäftsführer des Filmverlags der Autoren.

Hitliste des deutschen Films. Antworten auf eine Umfrage von Joe Hembus, veröffentlicht in: ders., Der deutsche Film kann gar nicht besser sein. München 1981, S.393.

Schütte. Undatierte Notizen zu einem Roman-Projekt.
»Wer Ähnlichkeiten mit lebenden Personen zu entdecken glaubt, ist selber schuld«: Fassbinder schätzte den Filmkritiker Wolfram Schütte, dessen Urteil über seine Arbeit ihm wichtig war. Wolfram Schütte, 1939 geboren, ist – und das ist die wesentliche Differenz zum »Schütte«-Text – kein Journalist, der vom Filmemachen träumt. Fassbinder in einem Interview: »In Schüttes Leben gab es einen entscheidenden Moment, das war der, als er sich dazu entschlossen hat – er ist übrigens der einzige Filmkritiker, den ich kenne, der keine Filme machen will –, kein Filmregisseur zu werden. Er wollte es auch mal, aber dann hat er gesagt, ich bleibe Filmkritiker. Nur jetzt will er herausfinden, warum das so war. Warum ich, im Gegensatz zu ihm, Filme mache. Ich finde das toll von ihm, aber wir gelangen immer an denselben Punkt. Er meint dann immer, es muß halt eine spezifische Geisteskrankheit bei mir sein, die er nicht hat. ... Schütte ist da wie Faust, er will das Geheimnis des Lebens wissen« (Filmfaust, 1982, Heft 27, S.15).

Hat das Kino noch Zukunft? Statement für Wim Wenders filmisches Tagebuch »Chambre 666«, gedruckt in: Süddeutsche Zeitung, 15./16.1.1983.

Notizen zum Spielfilm-Projekt »Rosa Luxemburg«. Bemerkungen zu dem Exposé »Ruf der Lerche« von Peter Märthesheimer und Pea Fröhlich, geschrieben am 9.6.1982, einen Tag vor seinem Tod.

Fischer Film Almanach
Filme · Festivals · Tendenzen

Der Fischer Film Almanach bietet dem Filminteressierten jährlich eine lückenlose Dokumentation aller innerhalb eines Jahres in der Bundesrepublik erst- bzw. uraufgeführten Filme. Daneben gibt dieses informative Kompendium einen Überblick über die Preisträger der wichtigsten Filmfestivals von Berlin bis Cannes und beschäftigt sich in jedem Band schwerpunktmäßig mit einem filmpolitischen Thema.

Fischer Film Almanach 1983
Herausgegeben und verfaßt von
Walter Schobert, Jürgen Berger,
Rüdiger Koschnitzki, Ronney Loewy, Wilhelm Roth
Band 3684

Fischer Film Almanach 1982
Herausgegeben und verfaßt von
Walter Schobert, Hans Jürgen Weber,
Jürgen Berger, Rüdiger Koschnitzki,
Bettina Thienhaus
Band 3674

Fischer Film Almanach 1981
Willi Bär/Hans Jürgen Weber
Band 3665

Fischer Film Almanach 1980
Willi Bär/Hans Jürgen Weber
Band 3657

fi 271/1

Fischer Taschenbuch Verlag

Fischer Cinema

Hans Richter
**Filmgegner von heute
– Filmfreunde von
morgen**
Mit einem Vorwort von
Walter Schobert
Band 3670
Der Kampf um den Film
Für einen gesellschaft-
lich verantwortlichen
Film. Herausgegeben
von Jürgen Römhild
Band 3651

H.-J. Syberberg
Syberbergs Filmbuch
Filmästhetik. 10 Jahre
Filmalltag. Meine Trauer-
arbeit für Bayreuth.
Wörterbuch des deut-
schen Filmkritikers
Band 3650

**Die Geschwister
Oppermann**
Ein ZDF-Fernsehfilm
von Egon Monk nach
dem Roman von Lion
Feuchtwanger
Band 3685

Georges Sadoul
**Geschichte der
Filmkunst.**
Mit einem Vorwort von
Walter Schobert
Band 3677

Paul Werner
Roman Polanski
Band 3671

Kurt Pinthus (Hrsg.)
Das Kinobuch
Band 3688

Thomas Brandlmeier
Filmkomiker
Die Errettung des
Grotesken
Band 3690

Percy Adlon
Die Schaukel
Nach dem Roman von
Annette Kolb
Band 3695

Gabriele Seitz (Hrsg.)
Der Zauberberg
Ein Film von Hans W.
Geißendörfer nach dem
Roman von Thomas
Mann. *Band 3676*

Doktor Faustus
Ein Film von Franz Seitz
nach demRoman von
Thomas Mann
Band 3681

Michael Verhoeven
Liebe Melanie
Hintergründe zu dem
ZDF-Fernsehfilm
Band 3696

Michael Verhoeven/
Mario Krebs
Die Weiße Rose
Der Widerstand
Münchner Studenten
gegen Hitler
Informationen zum Film
Band 3678

Margarethe von Trotta/
Luisa Francia
**Das zweite Erwachen
der Christa Klages**
Band 3654
**Schwestern oder
Die Balance des
Glücks**
Ein Film von Margarethe
von Trotta
Herausgegeben von
Willi Bär/Hans J. Weber
Band 3659
Die bleierne Zeit
Ein Film von Margarethe
von Trotta
Herausgegeben von
Hans J. Weber in
Zusammenarbeit mit
Ingeborg Weber
Band 3675
Heller Wahn
Ein Film von Margarethe
von Trotta
Herausgegeben von
Hans J. Weber
Band 3687

Fischer Taschenbücher

Fischer Cinema

Adolf Heinzlmeier/Berndt
Schulz/Karsten Witte
**Die Unsterblichen
des Kinos**
Band 1: Stummfilmzeit
und die goldenen 30er
Jahre. *Band 3666*

Band 2: Glanz und
Mythos der Stars der
40er und 50er Jahre
Band 3658

Band 3: Die Stars
seit 1960. *Band 3679*

Adolf Heinzlmeier/
Berndt Schulz
Happy-End
Berühmte Liebespaare
der Leinwand
Band 3668

Adolf Heinzlmeier/
Jürgen Menningen/
Berndt Schulz
**Lexikon der deutschen
Kino-Stars**
*Band 3683/
in Vorbereitung*

Marilyn Monroe
Meine Story
Band 3663

Joe Hyams
**Humphrey Bogart und
Lauren Bacall**
Band 3691

Sheridan Morley
Marlene Dietrich
Bildbiographie
Band 3652

Groucho Marx
Schule des Lächelns
Band 3667

Die Groucho-Letters
Briefe von und an
Groucho Marx.
Band 3693

John Russell Taylor
**Die Hitchcock-
Biographie**
Alfred Hitchcocks Leben
und Werk. *Band 3680*

Rudolf Arnheim
**Kritiken und Aufsätze
zum Film**
Herausgegeben von
Helmut H. Diederichs
Band 3653

Film als Kunst
Mit einem Vorwort
zur Neuausgabe
Band 3656

Lotte H. Eisner
**Die dämonische
Leinwand**
Band 3660

Hans C. Blumenberg
Kinozeit
Aufsätze und Kritiken
zum modernen Film
1976–1980
Band 3664

Gegenschuß
Texte über Filmemacher
u. Filme 1980–1983.
Band 3692

André Bazin
Jean Renoir
Mit einem Vorwort von
François Truffaut
Band 3662

Hans G. Pflaum/
Hans H. Prinzler
**Film in der Bundesre-
publik Deutschland**
Ein Handbuch
Band 3673

Dieter Prokop
Soziologie des Films
Erweiterte Ausgabe
Band 3682

Helmut Korte (Hrsg.)
**Film und Realität in der
Weimarer Republik**
Mit Analysen von »Kuhle
Wampe« und »Mutter
Krausens Fahrt ins
Glück«. *Band 3661*

Fischer Taschenbücher

Margarethe von Trotta

»Einen eigenen Film zu machen,
ist meiner Geschichte nach eine
Konsequenz. Jetzt bestimme ich
selbst, hingeschaut und mitgedacht
habe ich schon immer«,
*sagt Margarethe von Trotta über ihre Arbeit
als Regisseurin.*

Schwestern oder Die Balance des Glücks
Herausgegeben von Willi Bär und
Hans Jürgen Weber
Band 3659

Die bleierne Zeit
Herausgegeben von Hans Jürgen Weber
Band 3675

Heller Wahn
Herausgegeben von Hans Jürgen Weber
Band 3687

Margarethe von Trotta/Luisa Francia
Das zweite Erwachen der Christa Klages
Band 3654

Fischer Taschenbuch Verlag

fi 272/1

Adolf Heinzlmeier/Berndt Schulz/Karsten Witte

Die Unsterblichen des Kinos

Band 3666   Band 3658   Band 3679

Die Filmgeschichte ist, wenn sie Leben und Legende der
Leinwandstars ernst nimmt, immer auch Sittengeschichte.
Bizarre Details aus dem Alltag der Kinowelt sind nicht nur
individuell aufregend, sie zeigen auch die Sklavenarbeit in der
Träumefabrik, die Sehnsüchte und ihren Verschleiß. Davon
sprechen diese Bücher. Sie zeigen den wirklichen Star, der
repräsentativ sein sollte für das individuelle Selbstverständnis
und die Etikette der Liebe in der modernen Gesellschaft. Stars
waren am größten, wenn sie diese Fähigkeit mit einer weiteren verbinden konnten: mit ihrem eigenen Image identisch zu
sein.

Fischer Taschenbuch Verlag

fi 319/1

Zustandsberichte über Politik und Gesellschaft

Roger Anderson
Wir Heimatlosen
Band 3838
In den Reportagen aus dem Ostblock und dem geteilten
Deutschland werden Menschen geschildert, die vom Schick-
sal mit Grenzen geschlagen worden sind: mit politischen
und sozialen, sichtbaren und unsichtbaren.

Henryk M. Broder / Michael R. Lang (Hrsg).
Fremd im eigenen Land
Juden in der Bundesrepublik
Band 3801

Hermann Glaser
Bundesrepublikanisches Lesebuch
Band 3809
Drei Jahrzehnte geistiger Auseinandersetzung

Gerhard Kraiker
§ 218 – Zwei Schritte vorwärts, einen Schritt zurück
Eine Analyse der Reform des § 218 in der Bundesrepublik
Band 3835

Michael Rutschky
Erfahrungshunger
Band 3830
Ein Essay über die siebziger Jahre

Carola Stern
Strategien für die Menschenrechte
Band 3831

Fischer Taschenbuch Verlag